Shuwasystem Business Guide Book How-nual

最新 5S［整理（Seiri） 整頓（Seiton） 清掃（Seisou） 清潔（Seiketsu） 躾（Shitsuke）］の基本と実践がよ〜くわかる本

5S導入・定着のための実践プログラム

［第3版］

石川 秀人 著

秀和システム

改訂にあたって

本書は、2008年9月に初版が発行され、その後2019年7月に第2版が発行され、①「製造現場の5S」、②「事務（管理間接部門）の5S」、③「仕事（モノ以外）の5S」という3つの観点からツールや着眼点などをご紹介して参りました。

5Sは、理論・理屈は簡単ですが、人を動機づけ、やらせて、維持させることは非常に難しいと言えます。では、なぜこんな簡単なことが皆さんできないのでしょうか。それは多くの人が“お掃除・お片付け”としか思っていないからではないでしょうか。5Sを片手間にするのではなく、“品質・コスト・納期・安全性”などの仕事そのものに寄与するようにしなければ、かけ声倒れになりかねません。

また、昨今、新型コロナウィルス感染症（COVID-19）により、在宅勤務などオフィスワークの仕事の進め方にも変化が求められております。従来の属人的な仕事のやり方から脱却し、チームや組織で品質や生産性を高めていかなければなりません。

そこで、この度は特に「事務の5S」主体に改定を加え、ハード面だけでなく、仕事そのもののソフト面から品質や生産性を高めていくための5Sを加えて、ご説明して参りたいと思います。

また起こるかもしれない次の感染症にも備えて、製造現場とともにオフィスの5Sにも積極的に取り組んで頂けたら幸いです。

はじめに

5S（整理／整頓／清掃／清潔／躾）のセミナーを開催すると、受講者で多いのは経営者・管理者ではなく一般職の人達です。5Sの理論やスキルを会社から勉強してこいという命令の下、参加されるケースです。確かに彼らは、知識は身につきますが、帰社後それが実行されることは少ないのではないでしょうか。経営者・管理者が、会社や工場が汚いから一般職にセミナーでも受けさせて何かさせようという思いは分かりますが、このような思いだけでは何も変わりません。

重要なのは、知識・理論やスキル・テクニックよりも実践です。実践するためには、一般職の知識だけで会社は動きません。経営トップ自ら旗をふり、行動させるための仕掛けや仕組みを構築しなければなりません。

5Sは、理論・理屈は簡単です。しかしながら、分かっていてもその実践がこれほど難しいものはありません。また一度構築しても、維持されない、元に戻ってしまうなど継続することも輪をかけて難しいと言えます。

そこで、本書では5Sを実践・継続させるために、その意義や狙いを理解頂いた上で、意味や進め方を解説いたします。

そこから、

・製造現場の5S
・オフィスの5S
・情報媒体の5S
・仕事の5S

という観点からツールや着眼点などをご紹介いたします。

これを機会に今までの5Sの認識を見直し、新たな視点で5Sの実践に取り組んで頂くことを期待いたします。

2021年11月　石川秀人

図解入門 How-nual

図解入門ビジネス 最新5Sの基本と実践がよ～くわかる本［第3版］

CONTENTS

第1章 5Sの意義と狙い

第2章 5Sの意味と進め方

第3章 製造現場の5S

第4章 オフィスの5S

第5章 情報媒体の5S

第6章 仕事の5S

第7章 5Sから更なる改善へ

第1章

5Sの意義と狙い

「5S をやろう！　やろう！」と言っても、現場は動かない、守れない、後戻りしてしまうといったことがよく起こります。5S の理屈は簡単ですが、実行が難しいのが現状です。では、簡単なはずの 5S はなぜ進まないのでしょうか。それは、5S の意義や狙いが正しく理解されておらず、多くの人は単に「片付けること？」「掃除すること？」「きれいにすること？」のように理解されているからです。

現場で行動する側の方もさることながら、旗振り役（経営トップ）もこのような認識の方が非常に多いのが現実です。

そこで、本章では 5S の真の意義と狙いを解説いたします。

1-1 5Sは、管理・改善の基盤づくり

5Sで管理・改善の基盤を構築します。

管理・改善の基盤とは

企業には、戦略実現、売上・利益拡大、品質向上・原価低減などの様々な**マネジメント課題**（経営課題）が存在します。それらマネジメント課題を解決するために各企業は、世間で流行っている仕組み（システム）などを導入し、課題解決に向けた取り組みを行います。

しかしながら、それらの仕組みを導入した企業が必ずしも成果を出しているとは限りません。例えば、かんばん方式を形だけ真似してもそれが現品票の役割にしか使われず、ジャスト・イン・タイムどころか原価低減に一切寄与していないケースも多々あります。

かんばん方式に限らず、シックスシグマ・ISO・TPM・IOT・ERP・RPAなど世間で流行していたり話題となっていたりする様々な仕組み（システム）を単に導入しても自社の企業風土・習慣・文化が異なるため、成功している企業と同じようなやり方をしてもマネジメント課題の解決には至りません。

この大きな理由が、これら**仕組み**（システム）を自社流にアレンジする**改善力**が欠けているためです。トヨタはスーパーマーケットの仕組みを自社流にアレンジし、「かんばん方式」として自社の生産システムを構築しました。

このように他社の優れた仕組みやシステムをいかに自社のDNAと融合させるかが重要なのであり、それが**管理・改善の基盤**（**マネジメント基盤**）です。管理・改善の基盤は、様々な卓越した仕組み（システム）を環境がめまぐるしく変わる中､常に状況対応させていくためのベースです。これが弱ければ仕組み（システム）も機能しないし、マネジメント課題も解決されません。この基盤づくりの柱となるのが、**5S**です。

人づくり

行動経済学における**現状維持バイアス**では、人は現状を変えることにより得られる“期待”より、失うかもしれない“不安”の方が上回るため、変化を避け現状維持を望むと言われております。つまり、人は基本的に変化を嫌い、変えることへの抵抗が強くあります。**ダーウィンの進化論**では、「この世に生き残るものは、最も力の強いものか。そうではない。最も頭の良いものか。そうでもない。それは、変化に対応できる生き物だ。」とあるように変えることを恐れていては企業存続が危うくなりかねません。

その変えることへの入口が5Sになります。5Sを通じてまずは小さなことから変えることへの抵抗を払拭していきます。5Sをツールにして日々の改善を行い、それにより価値観・意識・行動を変えていきます。行動が変われば、成果にも結び付きます。

このように5Sを通じて、経営資源の中で一番大切なものである人を育てていきます。人が変われば、組織風土も変わり、現場などの姿かたちも変わり、マネジメント基盤の強化につながっていきます。

管理・改善の基盤づくり

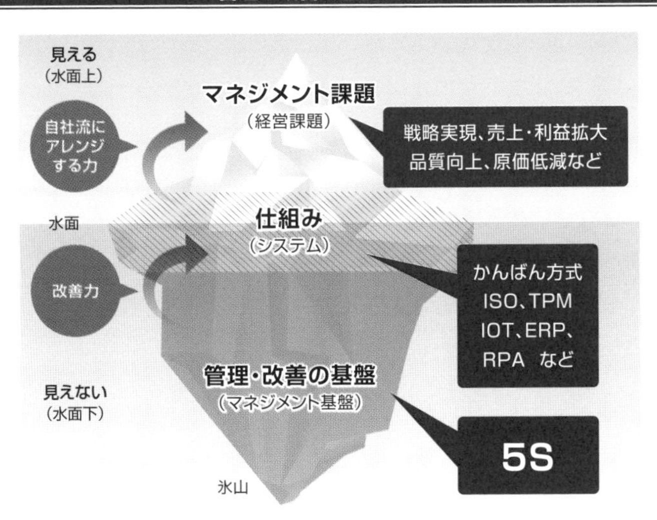

1-2 仕事の戸惑い・間違い・思い出し・探す

5Sができていない状態では、仕事において戸惑ったり、間違ったり、思い出したり、探したりすることが頻発します。

仕事の戸惑い・間違い・思い出し・探す

仕事には、多かれ少なかれ戸惑い、間違い、思い出し、探す行為が付きまといます。製造現場において、例えば、

- **戸惑い**：どのビスで取り付けたらよいのかあれこれ迷って判断がつかい状態などのこと。
- **間違い**：勘違いなどで作業のやり間違いを起こしてしまった状態などのこと。
- **思い出し**：製品の段取り替え後、新たに行う作業手順などに対しどういうようにやるのだったかな～と思い出す状態などのこと。
- **探す**：工具や治具が見つからずあちこち探索する状態などのこと。

などを指します。

一方、オフィス（管理間接）業務においては、例えば、

- **戸惑い**：不慣れな仕事や初めての仕事を行う際自分では判断がつかずにあれこれ悩んだり思いあぐねたりする行為などのこと。
- **間違い**：作業ミス・入力ミス・計算ミスなどから仕事をやり直しする行為などのこと。
- **思い出し**：棚卸しや決算など半年・1年単位に行う仕事や久しぶりに行う業務に対し思い出す行為などのこと。
- **探す**：仕様書・見積書・手順書などの書類やファイルがどこにあるか分からず探索する行為などのこと。

などを指します。

このような戸惑い・間違い・思い出し・探す行為は、作業者の経験・資質・能力・スキルなどによっても異なってきます。経験・資質・能力・スキルなどが浅ければ時間がかかり、間違いも多く出たりします。逆に経験・資質・能力・スキルなどが深い人は、時間も早く間違いも少ないですが、様々な仕事が集中し、部下を指導・育成する時間が取れず、属人化が進み組織力低下にもつながります。

仕事のムリ・ムラ・ムダ

仕事の戸惑い・間違い・思い出し・探す行為は、ムリ・ムラ・ムダを生みます。

①**ムリ**：人に関しては心身に過度の負担がかかることを言い、設備に関しては保有能力に対して過度の負荷をかけること。
②**ムラ**：人に関しては忙しいvs暇のような負荷のバラツキを言い、設備に関しては生産量や稼働が一定でなく増減変動すること。
③**ムダ**：付加価値を生み出さず原価だけを高める諸要素のこと。

戸惑い・間違い・思い出し・探すことなどは、付加価値を生まないムダな行為であり、そこから人や設備に過度の負担をかけるムリが生じ、波のある仕事や負荷のバラツキとなってムラを発生させていきます。

つまり、戸惑い・間違い・思い出し・探すことの多い職場ほどムリ・ムラ・ムダも多いと言えます。

1-3 ムダを定義する

ムダというのは、人によって解釈の仕方が異なります。ある人にとってはムダと感じることも別の人にとってはムダと感じない場合も生じます。そこで、まずムダを定義します。

製造現場における7つのムダ

例えば、以下のようなものになります。

①**つくり過ぎのムダ**：過剰な設備・人による必要量及び必要な早さ以上に生産してしまうムダ
②**手待ちのムダ**：欠品・部品待ちや設備の加工待ちに伴う作業待ちのムダ
③**運搬のムダ**：顕在的運搬のムダ（目で見えるモノを移動するムダ）や潜在的運搬のムダ（加工中の取り置き。積み込み・積み下ろしなど目で見にくいムダ、必要最小限以外の仮置き・積み替え・移し替えなどのムダ）
④**加工そのもののムダ**：加工品の精度などに寄与しない不必要な加工を行うムダ
⑤**在庫のムダ**：材料・仕掛品・完成品の在庫が倉庫費・運搬費・管理費などの在庫管理費用・金利費用や償却損を発生させるムダ
⑥**動作のムダ**：人の歩行や作業に伴う付加価値を生まない動きのムダ
⑦**不良をつくるムダ**：不良による材料・部品・手直し工数などのムダ

オフィス業務における7つのムダ

例えば、以下のようなものになります。

①**内向き仕事のムダ**：顧客を見ずに社内や上を見ることで生まれる作業のムダ
②**待ち時間のムダ**：作業ができずに待っているムダ、今やることがないので先食いで後でもよい仕事をして手待ちを隠すムダ

③**情報伝達のムダ**：縦割りの多階層間・部門間の冗長な情報伝達のムダ、情報伝達が遅いために仕事が進んでやり直すムダ

④**作業そのもののムダ**：必要最低限以上の作業のムダ、過去のトラブル対策で取られた処置が今は役に立っていないにもかかわらずルールだからとずっと続けている作業のムダ

⑤**在庫のムダ**：必要量以上に事務用品・資材をかかえるムダ、仕事量以上に社員やアルバイトをかかえてしまう人の在庫のムダ、作業をため込んでまとめて行うことにより生まれるムダ

⑥**動作のムダ**：付加価値のつかない動作のムダ、曖昧な指示で不安定な状態での作業により発生するムダ

⑦**ミスのムダ**：作業ミスとその処置のムダ、管理職の仕事がミスの検出主体になっているようなムダ

オフィス業務の7つのムダ

名称（例）	説明（例）	事例
内向き仕事のムダ（つくり過ぎのムダ）	顧客を見ずに社内や上を見ることで生まれる作業のムダ。	・1枚で足りる内容を何枚もに分厚する資料 ・上長を意識した念のためにつくられる資料 ・忖度（他人の心情を推し量ること）仕事
待ち時間のムダ（手待ちのムダ）	作業ができずに待っているムダ。今やることがないので先食いで後でもよい仕事をして手待ちを隠すムダ。	・承認印が多く押印待ちで作業が停滞する時間 ・上長の返事を得るための待ち時間 ・意思決定がなかなかされず待つ時間 ・部門間の連絡が悪く回答待ち（電話やメール）になる時間
情報伝達のムダ（運搬のムダ）	縦割りの多階層間・部門間の冗長な情報伝達のムダ。情報伝達が遅いために仕事が進んでやり直すムダ。	・メールのCCが多くて関係のないものまで目を通す ・メール、直接面談、TV会議などの手段が合ってないことにより生じるコミュニケーションギャップ ・何も結論がでない会議、通達で済ますことのできる一方通行の会議 ・意思決定のための根回し ・上長に相談しても曖昧な回答で何回もやり直す作業
作業そのもののムダ（加工そのもののムダ）	必要最低限以上の作業のムダ。過去のトラブル対策で取られた処置が今は役に立っていないにもかかわらずルールだからとずっと続けている作業のムダ。	・手書きで充分なメモ程度の資料をワープロ化する ・情報の書き写し、再入力 ・形骸化しているダブルチェック ・電子ファイルで保管されている書類を紙媒体でもファイリングする
在庫のムダ（在庫のムダ）	必要量以上に事務用品・資材をかかえるムダ。仕事量以上に社員やアルバイトをかかえてしまう人の在庫のムダ。作業をため込んでまとめて行うことにより生まれるムダ。	・過剰な文房具や消耗品、備品のコスト・管理費 ・繁忙期にアルバイトを数多く手配したが人余りで遊んでいる ・まとめてデータ入力するためにリーダタイムが長くかかる ・締め日の回数が少なくて待たされる
動作のムダ（動作のムダ）	付加価値のつかない動作のムダ。曖昧な指示で不安定な状態での作業により発生するムダ。	・ぼぉっとしている時間 ・ネットサーフィンなどで闇雲にPCに向かって座っている時間 ・PCや設備の操作に不慣れで戸惑う、誰かに聞けない ・書類、電子ファイル、事務用品、パンフレット、販促資材などを探す ・ITを活用すれば簡単にできる作業を相変わらずしている手作業
ミスのムダ（不良をつくるムダ）	作業ミスとその処置のムダ。管理職の仕事がミスの検出主体になっているようなムダ。	・計算ミス、入力ミス、処理ミス ・仕事の指示の食い違いにより生まるミス ・報連相がなくコミュニケーションの悪さから生まれるミス ・人の入替りがはがしいのに指導不足により生まれるミス ・1回の処理ロットサイズが大きいことで生まれる大量のミス ・外部に流出してしまう情報漏洩のミス

1-4 バラツキは生産性と品質を阻害させる

時間のバラツキは、生産性と品質を阻害させます。

時間のバラツキと生産性

製造現場において例えば、ある作業がやるたびに60秒になったり80秒になったりしますが、この60 ～ 80秒の間が**バラツキ**です。熟練工のAさんであれば60秒でできても新入社員のBさんであれば80秒になってしまいます。また同じAさんでも60秒でできたり80秒になったりすることが生じます。

オフィス業務でも同様に、1枚の伝票作成が60秒であったり80秒であったりします。Aさんであれば60秒でできても、Bさんであれば80秒になってしまいます。

このようにやるたびに時間が異なってくるということは、それだけ生産性もぶれるということにつながります。計画を練る際もバラツキが大きければ、不確かな計画となってしまいます。

そこで、そのバラツキを無くし、仕事を安定化させなければなりません。やるたびに60 ～ 80秒になるのであれば、60秒でできる時をよく観察し、それがどうすれば繰り返しできるかを考えます。工具や材料の置き場を作業者に近づけたり、作業者が扱いやすい位置に置き方を変えたりすることで、バラツキは減り、常に60秒近い値で前後してできるようになります。

このように60 ～ 80秒の間のバラツキを常に60秒でできるようにすることで、バラツキの振れの分だけ**生産性**は向上します。

やり方のバラツキと品質

製造現場において例えば、熟練工のAさんが両手でワークを取り治具にセットし、左手でビスを取り右手でドライバーを取り締め付けるというような一連の作業を行う場合、何度行っても同じ手順で行うことができます。同じ手順で毎回できるということは体の動作が毎回同じ軌跡を歩むことになり体で作業を覚えてしまいます。したがって、途中で工程をひとつ飛ばしたり何か加工を忘れたりというような品質トラブルが少なくなります。しかしながら、新人のBさんは不慣れでやるたびに異なる手順・動作になれば、工程を飛ばしたり加工を忘れたりというような不良を発生する恐れが出てきます。

オフィス業務においても例えば、熟練者の経理担当者Aさんであれば同じ手順で間違い少なく決算処理できても、新人のBさんになるとやるたびに手順が異なりミスも頻発してしまいます。

つまり、**やり方のバラツキ**は、不良品をつくり**品質**に影響を与えることとなります。

仕事のバラツキ

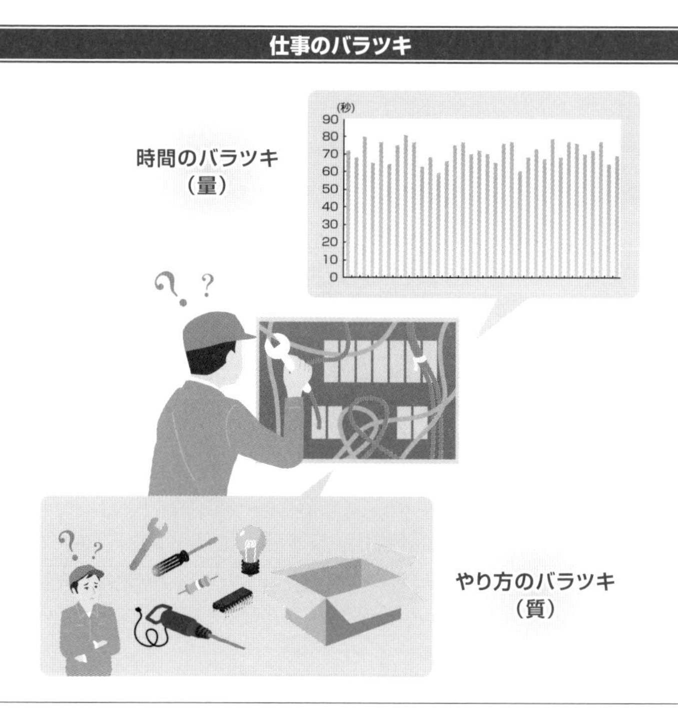

1-5
5Sで仕事を安定化させる

5Sの狙いどころは、仕事のバラツキを低減し、仕事を安定化させることです。

5Sでバラツキを排除する

戸惑い・間違い・思い出し・探すことなどが多ければバラツキの幅が大きくなってムリ・ムラ・ムダが発生します。そこで、戸惑い・間違い・思い出し・探すことなどを減らさなければなりません。

戸惑いをしないためには、考えて行動するのではなく手順ややり方がひと目で分かるようにしておく必要があります。

間違いをしないためには、取り違いやうっかりミスなどをしないように正しいものを選択できるようにしなければなりません。

思い出しをしないためには、定位置や作業終わりを決め、その作業や仕事に取り掛かった時にすぐに思い出すことができるようにしておかなければなりません。

探すことをしないためには、モノや書類・ファイルが誰でもいつでもだれでも分かるように整然と並べて表示しておく必要があります。

これらを解決するものが、5Sです。

仕事を安定させ、生産性向上と品質向上を図る

仕事のバラツキを取り除くということは、時間のバラツキややり方のバラツキが少なくなるということです。やるたびに60秒であったり80秒であったりした作業が毎回60秒前後になり、毎回同じやり方、手順で仕事ができるようになることにより、仕事が安定します。

まずは5Sでこの**安定した作業環境**をつくらなければなりません。作業が安定することにより、その振れていたバラツキの幅が縮小され、その分が**生産性向上**や**品質向上**という成果になって現れてきます。

5Sで仕事を安定化させる

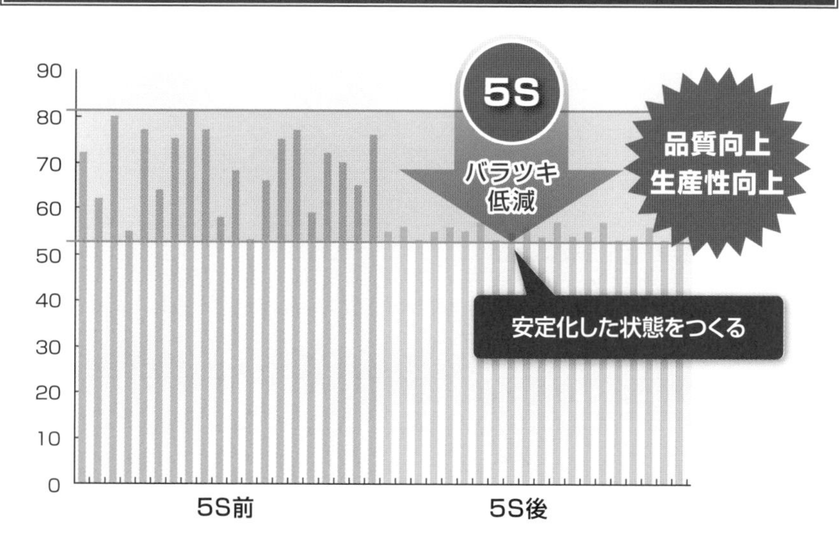

5Sの意義

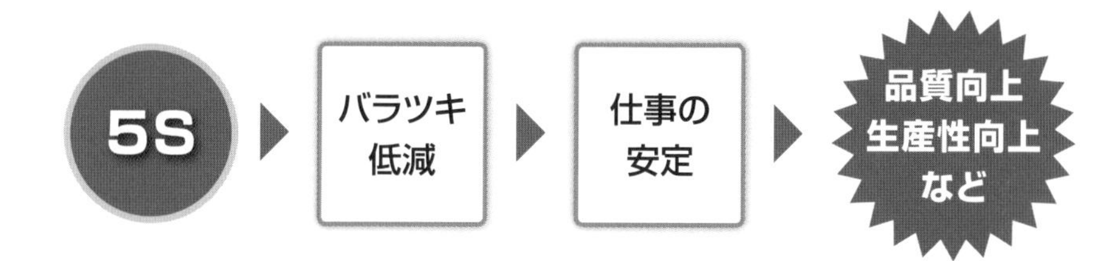

1-6 5Sの使い方

5Sにはいろいろな使い方があります。

5Sで改善のイロハを学ぶ

5Sは、仕事のバラツキを排除し、管理・改善の基盤を構築するための“改善”そのものです。仕組みの改善などにいきなりチャレンジしてもなかなかうまくいきませんので、5Sを通じて**改善のイロハ**を習得します。

5Sの良いところは、現場の姿かたちが見てすぐ分かるように変わっていく点です。つまり、改善成果が形となって現れるためその達成感が肌で感じ取れ、小さな成功体験となって吸収できます。5Sを通じて改善する喜びや行動することへの抵抗感が払拭され、全員参加で組織の**一体感**が生まれます。

価値観の転換を図る

多くの人は、保守的で変化することに抵抗があります。毎日指示通りに繰り返し作業を行っていれば、考えなくても済みますし、楽です。そして、このような人がプレイイング・マネージャー（管理者）になると、プレイしかできずマネジメントができません。一般職の時代から指示待ちの仕事しかしていなかったために、急に「改善しろ」と言われてもなかなかできません。やがて下から上まで変化を嫌う組織ができあがり、社長が改革や変革と唱えても現場が全く動かない状況に陥ってしまいます。

この打開策として、有効なのが5Sです。一度に大きな変化を起こすのではなく、まずは身の回りの小さな変化を起こしていきます。例えば、ゴミ箱の位置をちょっとずらそうとか、今まで見てみぬ振りしていた不要品を片付けてしまおうとか、5Sは小さな変化を与えるきっかけになります。その小さな波はやがて大きな波となり、**従来の価値観から転換**し、創造性が開発されていきます。

他人に成果を出させるマネジメント訓練

今のマネジメントに求められるのは、指示命令型のマネジメントから**自律型のマネジメント**です。つまり、自ら考え自ら行動するスタイルが求められます。この観点から5Sは、何をしなければいけないか、何をすべきか見えやすいので、自分で考え行動することが容易になります。マネジメントする側にとっても、コーチング型スタイルでその気にさせていく**マネジメントの訓練**となります。

5Sにはいろいろな使い方がある

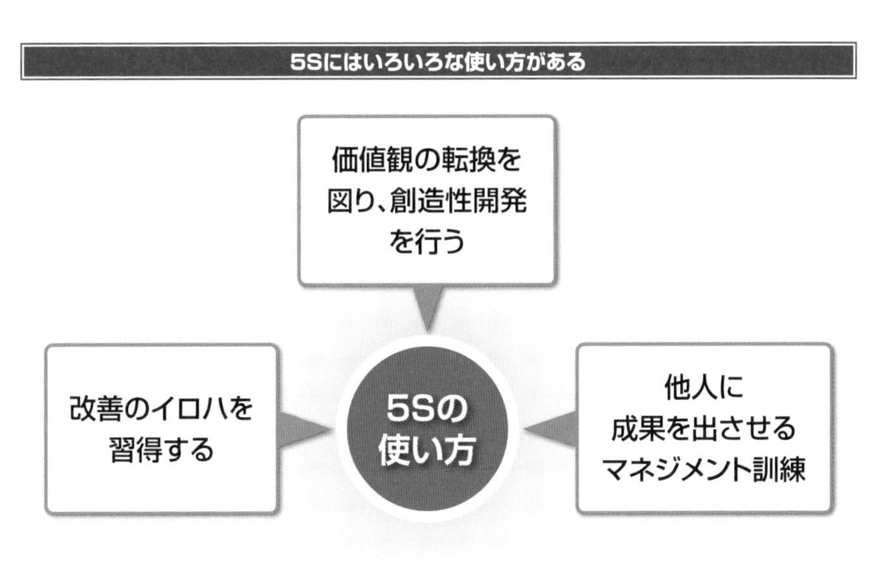

COLUMN　バラツキの排除

スポーツを始める際、基礎が大切だとよく言いますね。例えば、ゴルフ。グリップの握り方、ボールの置き方、フェースの角度、頭の位置（ヘッドアップ）、スイングの軌跡、フォローフィニッシュなどひとつひとつ気にかけるべき点があります。それによって、フックしたり、スライスしたり、はたまたチョロしたりといったことになります。このあたりの諸点がバラバラな状態で指導を仰いでも、グリップを直せばスイングが悪くなるといった悪循環に陥ります。ある程度スイングが安定し、スライスばかり出るといった状態になってくると、やっと改善点が見えてきます。つまり、何もかもバラバラな状態では、いくらプロゴルファーでも的確な指導はできません。

このようなバラバラな状態を安定させること、つまり、バラツキを排除することが5Sの役割です。

第2章

5Sの意味と進め方

5Sについて、ひとつひとつ言葉の意味を問うと多くの方は、他のSと混乱して正しい答えがなかなか返ってきません。例えば、「整理とは何ですか？」と聞けば、「きれいに並べることですか？」というように他のSの意味と混同してしまっています。

それぞれの「S」の意味を各人が共有化できていなければ、「じゃあ整理をしましょう！」と言って声掛けしても、それぞれがバラバラな行動をすることになってしまいます。

本章では、このような観点から5Sを定義し、製造現場およびオフィス業務における進め方について解説いたします。

2-1 5Sとは

5Sは、整理／整頓／清掃／清潔／躾のそれぞれの頭文字のSを取ったものです。

5Sを単なる掃除と捉えてはいけない

「5Sとは何か？」と問うと、「掃除すること？」「きれいにすること？」「片付けること？」のように多くの人は捉えています。しかしながら、このような意味で捉えていると5Sはかけ声倒れになってしまって、なかなか進まない、定着しないというようなことが起こります。

5Sの真の意味は、**ハタラキヤスクする活動**です。

- **ハ**：早く（納期・生産性）
- **タ**：正しく（品質）
- **ラキ**：楽に（安全性）
- **ヤスク**：安く（コスト）

の4つを向上させます。

つまり、仕事のアウトプットであるQCDS（Quality・Cost・Delivery・Safety）を高めることにつながります。

5Sとは

製造現場における5Sもオフィスにおける5Sも、基本的な意味は一緒です。

①**整理**：工場内やオフィス内には様々なモノがあります。それらのモノは処分することをしなければ、どんどん溜まっていきます。家庭であれば主婦が独断で処分する／しないという判断を下せますが、会社では様々な人が存在するためなかなか処分することができずモノが溜まりやすくなります。そこで、要るも

のと要らないものを区別して、要らないものを処分します。要らないものが無くなることで、管理コストが削減され持ち過ぎ在庫によるキャッシュの先食いも予防します。

②**整頓**：整理で要るものだけが残りますので、その要るものを使いやすくムダな動作をさせないように置くことが整頓です。つまり、要るものや要らないものがごちゃごちゃの状態できれいに並べても意味がありません。それは単なる陳列です。必要なもの・正しいものを迷うことなく取り出せるような置き方で並べ表示し、いつでも誰でもわかりやすく使いやすくします。

③**清掃**：身の回りや職場・設備の清掃を日常化します。やりっぱなし、出しっぱなし、置きっぱなしをなくし、何か作業をしたら元通りに戻して、次に使おうと思った時にすぐに正しく使える状態を維持するようにします。

④**清潔**：整理・整頓・清掃を維持し、誰が見てもきれいにし、きれいな状態を保つようにします。きれいな状態であればゴミや汚れに気づきます。小さな乱れという異常を見えるようにすることですぐに対処し、大事に至らないうちに最小限の負荷で収拾がはかれます。

⑤**躾**：職場のルールや規律を守る・守らせることです。分別回収で可燃ゴミはこのゴミ箱へと決めたならば、そこに空ビンや空き缶は捨てないといった簡単なルールから守らせるようにします。家庭ではできるこのような簡単なルールですら、職場になるとなかなか守れないのが実情です。守らなければ叱り、守れるルールにします。

5SでQCDSを高める

- **ハ　＝ 早く**（納期・生産性）
- **タ　＝ 正しく**（品質）
- **ラキ ＝ 楽に**（安全性）
- **ヤスク ＝ 安く**（コスト）

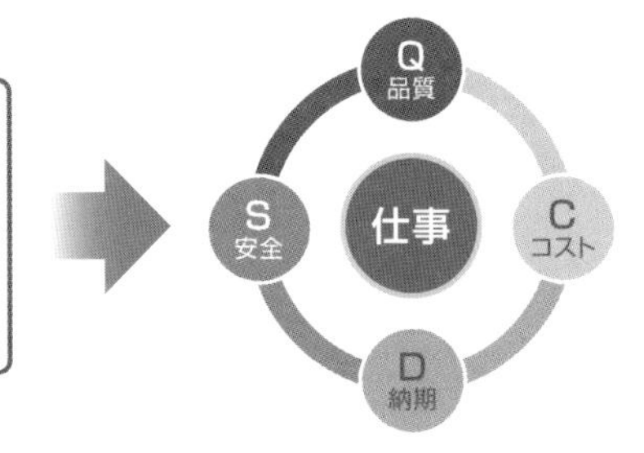

※単にきれいにする、片付ける、掃除するということではない

2-2 整理とは

整理は、要るものと要らないものを明確に分けて、要らないものを徹底的に処分します。

整理≠整列

整列は、モノの並べ直し、積み直しのことです。つまり、不要なものを捨てずに並べ直すだけです。よって、整理では、**捨てる**ことを徹底させます。

製造現場における整理

製造現場では、顧客から返品になった製品、製品不良かどうか判断がつかずに一時置きされた製品、手直しをすれば完成品となるがなかなか手直しができない状態の製品、顧客から一時保管を要求された製品、営業が見本として取り寄せた製品、他社のベンチマーク製品、廃版となって売れ残った製品、顧客へのサンプル品、技術の試作品などの製品類、今後使う予定のない原材料類、使用済となった治具類、今は使っていない工具類、大昔の仕様書・設計書などの技術書類、埃のかぶったカートン・フィルム・通い箱・パレットなどの運搬資材類など要るものか／要らないものか区別がつかず野放し状態にされているものが散見されます。これらを「今」要るのか／要らないのかという基準で区別し、要らないものは処分します。

処分には、廃棄と保管があります。全て廃棄するということではなく、当面必要が無いものであればどこかにまとめて保管します。作業者の身近なところ（ラインサイド）には今の作業に必要な部品・工具だけを置き、作業が終ったら何も残っていない状態にします。

このように**整理**は、**不要品を撤去**し、**スペースの有効活用**を図り、**今の仕事**に必要なものを最適管理していきます。

オフィスにおける整理

オフィス内では、製品や原材料などの大きなモノはありませんが、営業のキャンペーン商品・ノベルティグッズ・ポスター・カタログなどの販促類、使わなくなったパソコン・記憶媒体などのIT関連資材類、使っていない書庫・机・椅子などの什器類、ペン・ノート・バインダーなどの文具類、法定期限を越えた領収書・伝票などの経理書類、外部から送られてくるダイレクトメール·チラシなどの印刷物、社内で作成した会議資料・企画書・見積書などのプリンターからのアウトプット類など要るものか／要らないものか区別がつかず放置されているものが多々あります。特に都心のオフィスでは、坪単価数万円という賃料のところもあり、不要なものを置くことで高いコストを費やしていることになります。そこで、要るものと要らないものを区別して要らないものを処分します。

整理とは

要るものと要らないものに区別して要らないものを処分すること

- 今必要なものだけにする。
- 要らないものは思い切って廃棄する。
- 今要らないものは遠ざけて保管する。
- 整列（モノの並べ直し、積み直し）ではない。

2-3
整頓とは

整頓は、要るものを誰でも分かる、誰でもすぐに取り出せるようにし、使いやすくムダな動作をさせないような置き場・置き方・表示など追求します。

整頓≠陳列

陳列は、見た目にきれいにモノを配置することで、使いやすさは考慮しません。一方、整頓では、**使いやすさ**を追求します。

製造現場における整頓

整理で要るものだけが残りますので、その要るものを使いやすい場所にきちんと置き、それらを使いやすくしていきます。まずは置き場を決めることです。治工具置き場はここと決めれば、探すムダが省けます。良品はここ、保留品はここ、不良品はここというように置き場を決めれば品質トラブルが予防できます。置き場の決め方は、使いやすさを考慮した位置に設けます。右手で取るものは右側に置くというようになるべく移動や歩行・運搬のムダが少なくてすむ位置が望ましいと言えます。使いやすさの観点からは置き場だけでなく置き方も考慮します。持ち方・置き方にあった方向にし、良く使うものほど自分に近づけて置き、誰でも分かるように表示します。

このように**整頓**は、作業の手順・方法に合った**置き場**・**置き方**・**表示**を心がけていきます。

オフィスにおける整頓

オフィスにおいても、まずは置き場を決めます。使用頻度に応じて、よく使うものほど自分に近づけます。例えば見積書ならば、現在折衝中の案件は机の引き出し内に、前年度の案件は書庫に、それ以上経過した案件は廃棄するといった使用頻度による置き場を決めます。そして、使いやすいようにバインダーに閉じるのか、V字フォルダーに入れるのかといった収納方法を決めます。更に、取り出しやすいように、アイウエオ順・年度別・顧客別などのカテゴリー別に並べ替えます。必要な書類が数分以内で見つからないようではダメです。

整頓とは

要るものを使いやすくムダな動作をさせないようにするために置き場・置き方・表示など追求すること

- IE（Industrial Engineering）的視点で、使いやすさを心がける。
- 定置・定品・定量の3定を行う。
- 誰でもわかる、取り出せるように表示を徹底する。
- 陳列（見た目にきれいにモノを配置）ではない。

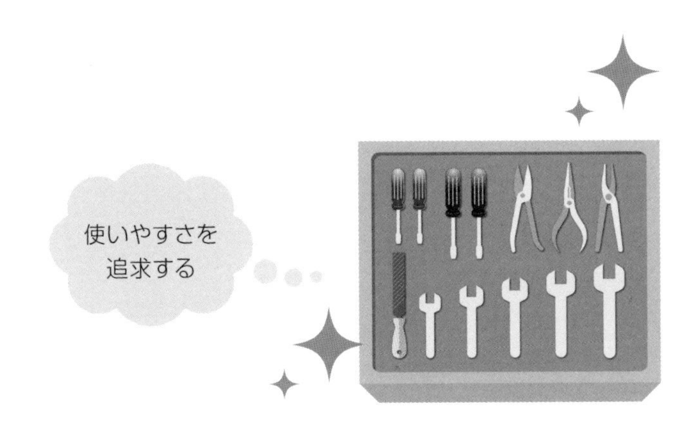

2-4 清掃とは

清掃は、日常化して使いたいものがいつでもすぐに正しく使えるようにします。

製造現場における清掃

身の回りのものや職場のものをきれいにして、いつでも使えるようにします。例えば、工具の整理･整頓で必要な工具がひと目で整えられた状態ができたとしても、工具を使った人が元の場所に戻さなかったり、そのまま使いっぱなしにしたりしたのでは、次に使おうとした際、探さなければならなくなってしまいます。探すことなく使いたい時にすぐに使える状態にしなければなりません。作業においても同様です。ある作業が終了したら治工具や材料・収容箱などを片付け、身の回りを清掃したり潤滑油を塗ったりして収納します。こうしておけば、次回同じ作業が出た場合ほとんど準備時間をかけずともすぐにその作業に取り掛かかることができます。作業をしようと思ったら錆びていて動かないとか、汚れや油を掃除してからでないと使えないとかいう状態であっては困ります。ある作業が終わればそのまま掃除し、次回いつでも作業できるようにします。このように**清掃**は、**必要な時にすぐに**作業ができる状態を維持することを心がけます。

また、汚い所からは品質不良や設備故障が発生します。このようなトラブルを起こさないように**日常点検**しながら**メンテナンス**することも清掃です。

オフィスにおける清掃

オフィスにおいても同様です。例えば、使い終わったホチキスは針が無くなっていれば補充して元の位置に戻しておきます。こうしておけば次に使う時すぐ使えますし、仮に針の在庫が切れていれば早めに発注する手が打てます。また、シュレッダーなども使い終わったとき排紙が一杯であればその人が片付ければ次の人はすぐ使うことができます。コピー機の紙詰まりも同じです。紙を詰まらせた人が元に戻さず逃げてしまっては、次の人が修復することから始めなければなりません。このように後で片付ける癖を無くし、仕事が終わったらその場で片付けることに努めます。

また、仕事の進め方で**仮置き・チョイ置き**ということで仕事を仕掛り状態にして次の仕事に移ってしまうことがあります。このような状態をつくるとその仕事がどこまでいっていたのか忘れたり思い出すことに時間がかかったりして、仕事の効率が落ちますし、気が分散してしまいます。仕事は中途半端で終わらせずひとつひとつ片付け、次に同じ仕事をすることになった際は区切りの良いところからすぐに仕事が始められるようにします。

清掃とは

清掃を日常化して、使いたいものがいつでもすぐに正しく使えるようにすること

- 清掃を全員参加で日常化する。
- 汚れの基となる発生源箇所に対策を施す。
- 日常清掃点検で、問題が浮かび上がるようにする。
- メンテナンスを心がける。

2-5 清潔とは

清潔とは、小さな乱れなどの異常がわかるようにし、整理・整頓・清掃された状態を維持させます。

製造現場における清潔

職場にゴミが散乱しているところでは、ひとつぐらい捨てても分からないだろうとつい捨ててしまう行為が生じます。しかし、ゴミがひとつも落ちていないようなピカピカの床にはゴミを捨てることに抵抗を感じるはずです。いつでもきれいな状態であればそれを維持しようとする気持ちが働きます。乱したり汚したりすることに罪悪感が沸き、きれいな状態が続きます。

このように**清潔**は、**汚したくない**気持ちを醸成し、**きれいな状態**を維持させようとする心を育てることです。そのために、床などは暗い色にするのではなくあえて汚れが目立つような明るい色にすることも一つの方法です。明るい色であれば、乱暴な運転をするフォークリフトのタイヤ跡や機械の油漏れなどが目立つようになります。そうすれば、運転のスピードを規制しようとかフォークリフトを廃止して別の運搬手段を考えようとか、機械の整備や保全を行おうとなります。言うなれば、清潔は、小さな乱れなどの異常がわかるようにする見せる化であるとも言えます。

 オフィスにおける清潔

　オフィスにおいては製造現場ほど騒音・匂い・振動・気温・油などの3K（きつい·汚い·危険）的な環境には無いことが多いため、清潔はやりやすいと言えますが、普段中途半端にきれいに見えるため徹底してきれいな状態をつくることも難しいと言えます。例えば、帰宅時の机上の状態でも、電話やパソコンだけでなく、書類箱·ファイル・本などが残っていたりします。きちんと並べておけば一見きれいな状態には見えますが、それがだんだん増えていくと収拾がつかなくなります。帰宅時は机上ゼロというように決めておけば、誰もがそのきれいな状態を維持しようとするため全てをすっきりさせてから帰るようになります。このようにオフィスにおいては環境的に恵まれている分、徹底してきれいな状態を維持しなければなりません。

清潔とは

清潔　小さな乱れなどの異常がわかるようにし、整理・整頓・清掃された状態を維持すること

- 負荷が最小限で済むように、汚れや乱れが小さい状態で対処する。
- 状態・状況を誰でもひと目で分かるように表示する。
- 色彩管理により間違わない／戸惑わない工夫をする。
- 現場巡回やパトロールなどでチェックする。

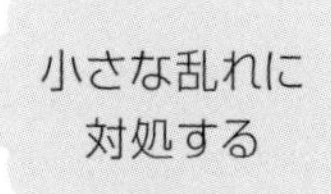

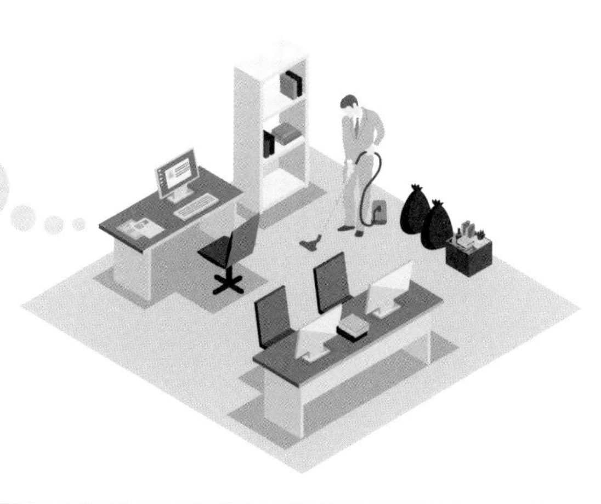

2-6 躾とは

躾とは、決められたことをいつも正しく守る習慣づけのことです。躾の漢字の構成は、身を美しくすると書いて“しつけ”と読みます。外見だけ美しくするのではなく、所作や立ち居振る舞いも美しくあらねばなりません。

製造現場における躾

会社や工場内は、様々な人が働く公の場です。このような場で各人が勝手な振る舞いをしたのでは秩序が乱れてしまいます。例えば、決められたところに決められた通りにモノを置かなかった場合、そのモノにつまずいて転んで怪我をしたり、そのモノが誤品となって混入し品質トラブルを引き起こしたり、そのモノが無いと言うことでまたつくり直したりするような様々なロスを生じさせます。自分では何気なく行った小さな行為が会社に大きな損害を発生させる原因にもなりかねません。このように**躾**は、**決められたことを決められた通りに守る**ということです。

特に、最近工場内には老若男女の正社員だけでなく、期間工･パート･派遣従業員、更には外国人労働者までいます。価値観や風習も異なるダイバーシティ（多様性）の中、自分では常識と思っていることが他者では非常識ということもよくあります。何が正しく何が間違いなのかというルールを予め明確にし、**職場のルール**や規律を守らせます。

オフィスにおける躾

躾を考える上で、いけないことは「ちょっとだから良いだろう・これくらいなら良いだろう」という甘い気持ちです。このような小さなことが多大な影響を与えることになります。特に、経営者や管理者などの上に立つ立場の者が自分なら良いだろうとやってしまうと、下の者もそれを見習い・真似し全体が乱れていきます。例えば、毎朝挨拶しましょうということを決めたならば、上の者から大きな声で「おはようございます」と声掛けしましょう。このように声を出し**挨拶する**ことや礼・お辞儀をすることなどは、一番の基本です。

躾とは

職場のルールや規律を守る、守らせること

- トップ自ら模範を示す。
- 後工程はお客様と考えて行動する。
- ルールや規律を明確にする。
- 何故乱れたか探求し、何故汚れたかの原点を直す。

ルールを決めて
守らせる

2-7
5Sを改善活動として捉えてスタートする

5Sは、改善そのものです。改善の手順を踏みながら進めていきます。

改善活動とは

改善活動とは、一人でものを片付けたり掃除したりすることではありません。**全員参加**で改善する場をつくり、その場を通じて問題を明らかにし、改善案を立案し、改善を実践し、その効果を確認していく一連の流れです。このような場を通じて5Sを繰り返すことで、改善レベルがスパイラルアップしていきます。

5S改善手順の概要

5Sを改善として進めていく際の手順は、以下の通りです。

①**改善の準備**：目的・定義・目標の明確化、5S推進区の特定、体制づくり（委員会・事務局・伝道師）、活動スケジュール、活動ルール立案などを行う。
②**啓蒙・教育**：広報、啓蒙、5Sの基本教育、事例研究、改善伝道師・5Sトレーナー教育などを行う。
③**整理の推進**：5Sの中でも、まずは整理のみ徹底的に行う。
④**整頓の推進**：整理で要るものだけが残ったあと、それらを整頓する。
⑤**清掃・清潔・躾の推進**：整理・整頓の2Sを行った後で、次は残りの3Sを展開していく。
⑥**5Sの定着**：5Sを根付かせる仕組みを構築する。
⑦**5Sの横展開**：モデル職場から他職場への展開しながら、全体に広げていく。

5S改善手順

1. **5S改善の準備** … 目的・方針・目標の明確化、5S推進区(モデル・エリア)の特定 体制づくり、活動スケジュール・活動ルールなどの立案
2. **5S啓蒙・教育** … 広報・啓蒙、基本教育、事例研究、推進者の育成
3. **整理の推進** … まずは整理のみ行い、要らないものを徹底的に処分する
4. **整頓の推進** … 要るものを使いやすくするための置き場・置き方・表示などを行う
5. **清掃・清潔・躾の推進** … 整理整頓が後戻りしないように、残りの3Sを実施する
6. **5Sの定着** … 5Sで標準化・歯止めをはかり、定着化させる
7. **5Sの横展開** … モデル・エリアから他エリアへ範囲を広げていく

5S展開計画

5S活動を推進するにあたり、**5S活動展開計画**(タイムテーブル)を作成しスピードをもって改善していきます。

5S活動展開計画

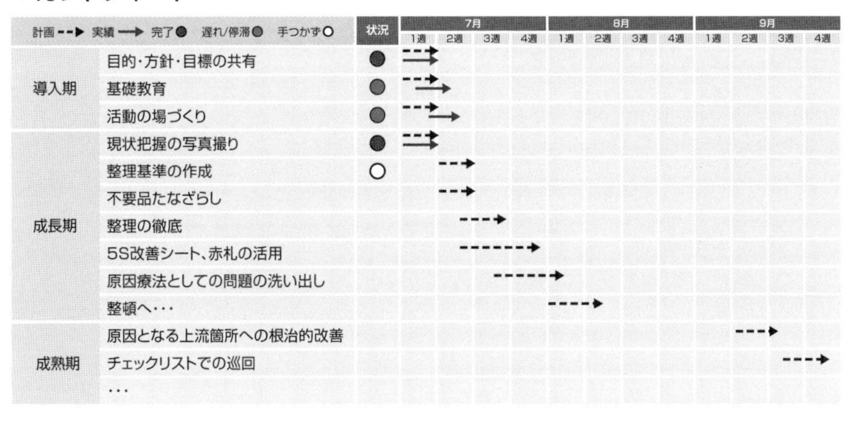

2-8
5S改善の準備
——5S改善手順①

5S改善手順の最初は、活動の準備です。目的・方針・目標の明確化、5S推進区の特定、体制づくり、活動スケジュール、活動ルール立案などを行います。

目的を明確にする

まず大切なのは、なぜ5Sをするのか、狙いは何かといった**目的**を明確にすることです。特に、オフィスではそもそも職場はきれいで自分ではどこに何があるかわかっているからする必要がないと思っている人が沢山います。そのような人々にお掃除とかお片付けではなく、目的を共有し、得られるメリットを共有しなければ、真の協力は得られません。

小さくはじめて大きく育てる

全敷地、全工場内、全事務所内と一度に展開するのではなく、まずどこから取り掛かるべきかを検討し、**5S推進区・場所**を特定します。つまり、**モデル・エリア**をつくり、当事者の職場だけでは解決できないような問題に部門横断で取り組むようにします。

経営トップが率先垂範する

5Sリーダーだけが活動し、上も下も知らん顔ということがよく起こります。そうならないためにも必ずトップを巻き込みます。トップが、ただ「やれ！やれ！」と言うだけでは組織は動きません。トップが本気度を示し、旗を振り、経営幹部を巻き込みながら進めていきます。運営面では委員会や事務局をつくりサポートしながら、個人活動にせず**チーム**で活動させるように仕向けます。

活動スケジュールや活動ルールを決める

5Sは、「仕事が忙しい、業務優先だ」などと言って時間が取れない、人が集まらない、掃除をしておしまいなどになりやすいです。そうならないためにもできるだけ**定時内**に活動時間をつくり、**ルール**や**スケジュール**を決め、PDCAサイクルを回していくことが大切です。

活動スケジュール・活動ルールなどの立案

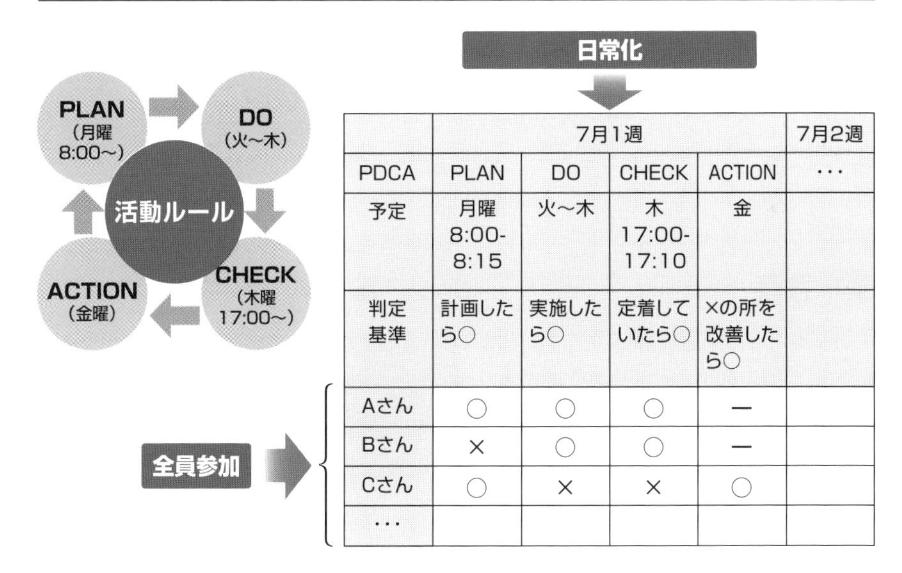

	7月1週				7月2週
PDCA	PLAN	DO	CHECK	ACTION	・・・
予定	月曜 8:00- 8:15	火～木	木 17:00- 17:10	金	
判定基準	計画したら○	実施したら○	定着していたら○	×の所を改善したら○	
Aさん	○	○	○	―	
Bさん	×	○	○	―	
Cさん	○	×	×	○	
・・・					

2-9
啓蒙・教育
——5S改善手順②

次の5S改善手順は、啓蒙・教育です。広報・啓蒙、基本教育、事例研究、推進者育成などを行います。

広報・啓蒙

5Sを行う上で、リーダーなど一部の活動する人達だけが浮いてしまってはいけません。全社でムードをつくり、推進していきます。**ポスター**を掲示したり、**社内報**や**メールニュース**で告知したり、**社長講話**や**月次会議・朝礼**などでアナウンスしたりしながら、5Sを認知させていきます。

基本教育

5Sは人により理解が様々です。簡単な定義ですが、なかなか理解されていません。そこで、本来の5Sの意味や用語を統一し、意義・狙いなどを正しく理解させ、**共有化**を図ります。

事例研究

本や雑誌で事例研究することも良いことですが、他社の工場やオフィスを現地現物で見てみることも必要です。他社の優れたところを**ベンチマーキング**すれば、自社の課題も見え、レベルも把握できます。大会などの成果発表会に参加することも改善のプロセスを理解する上で参考になります。

推進者の育成

5Sの推進者を選抜し、彼らを改善伝道師やトレーナーとして育成します。**改善伝道師**は、5Sの意義や進め方を普及させる中心人物です。未開の地に宗教を布教させるごとく、5Sを会社の隅々に広めていきます。**トレーナー**は、5S教育の講義をしたり、現場での指導をしたりする指導者です。このような伝道師やトレーナーの資格を持った人の割合が増すほど、社内の5Sの浸透度も高まってきます。

広報・啓蒙、基本教育、事例研究、推進者の育成

ポスター

5Sの時間は取れない？

「5Sをしましょう」と言うと現場からすぐに出てくる反対意見は「時間がない！」という声です。確かに人手不足で忙しいことも分かりますが、1日10分でもよいので時間は取れませんか？

例えば、毎日1,000個の組立て作業を定時7時間40分で行っている状況で考えてみます。現状、戸惑ったり探したりするムダを含んでいて1個つくるのに30秒かかっていると仮定すると、1,000個つくるのに8時間20分を要し、40分残業しなければ必要数がつくれません。月20日の稼動であれば、13時間20分／月の時間外労働となります。仮に5Sで1割短縮して27秒になれば、1日7時間30分となり残業無しで定時内に必要数が完成することになります。このように毎日の作業には、多かれ少なかれ戸惑い・探索などが存在します。それを5Sで改善をしなければ永遠に残業が続いていきます。

2-10 整理の推進
——5S改善手順③

準備や啓蒙・教育ができたら、いよいよ5Sに取り掛かります。まずは整理だけを徹底的に行います。

要るものと要らないものを区別する

整理では、要るか要らないかわからないものを“今”を基準にして、必要なものだけにします。この区別が通常なかなかできません。ゴミとしてすぐに廃棄できるモノは誰でも区別できますが、誰のものか分からないモノ、置いた人が転勤・異動・退職で所有者不明のモノ、今注文はないが将来ひょっとしたら受注がくるかもしれない商品・製品、今は使わないが使うかもしれないモノ、など要らないと判断できないような所謂グレーゾーンに属するモノが厄介です。

このようなモノは捨てるに捨てられず、そのまま放置されている状態になりがちです。そういったモノが普段使う一等地（使用者の身の回り）にあったりすると、本来使いたいモノが遠くに置かれ、歩行や移動のムダが生じます。このような一人では要るか／要らないか判断できないようなモノを皆で検討し、思い切って要らないものとして区分します。

要らないものを処分する

要るものと要らないものが区別されたら、今要らないものを更に廃棄してよいものと保管しておくものに分けます。廃棄してよいものは、**リサイクル・リデュース・リユース・リフューズ**の4Rを考慮しながら処分します。保管しておくものは、廃棄はしないがどこかに残しておないといけないものです。置き場や廃棄期限・責任者などの基準を決め、保管していきます。

①**リサイクル（Recycle／再利用）**：プロダクトリサイクル（再生利用）、マテリアルリサイクル（材料・製品への再資源化）、サーマルリサイクル（燃料化）のこと。

②**リデュース（Reduce／減量）**：環境負荷や廃棄物の発生を抑制するために無駄・非効率的・必要以上な消費・生産を抑制あるいは行わないこと。

③**リユース（Reuse／再使用）**：一度使用された製品をそのまま、もしくは製品のあるモジュール（部品）をそのまま再利用すること。

④**リフューズ（Refuse／拒絶・拒否）**：ゴミになるモノを拒絶すること。

整理の推進

● “今”必要なモノだけにする

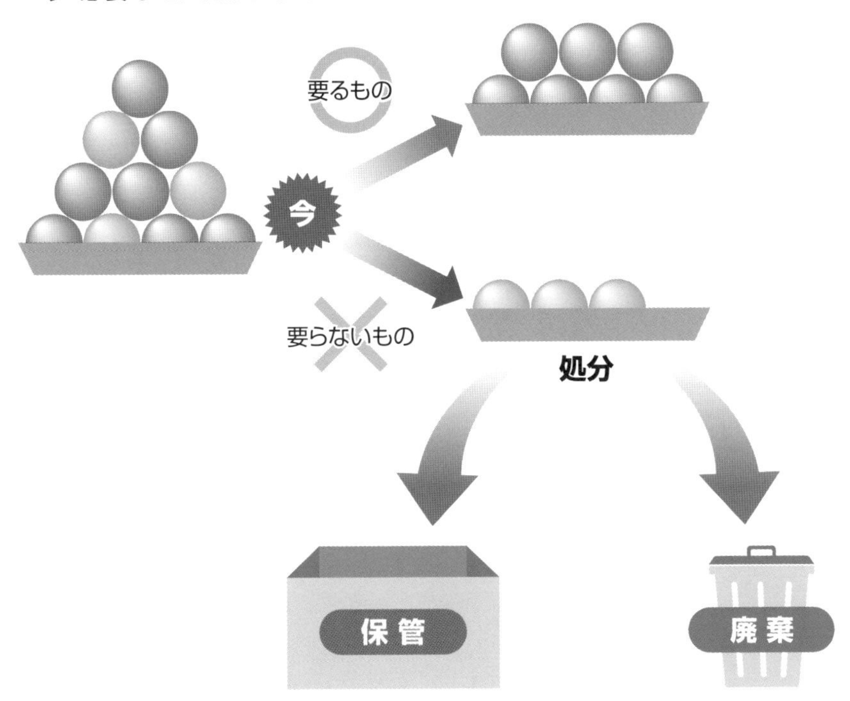

2-11 整頓の推進 ——5S改善手順④

次は、整頓の推進です。整理と整頓は、同時並行で行わず、順番に（ステップ・バイ・ステップで）行います。整理が終わると要るものが残りますので、それらを整頓で、要るものを使いやすくムダな動作をさせないようにするために置き場・置き方・表示など追求します。

使いやすくムダな動作をさせない

使いやすい場所は、**使用頻度**に応じて決めていきます。使用頻度が高ければ近くに、少なければ遠くにが原則です。使用頻度に応じてすぐ手に取れる場所から徐々に遠ざけていきます。その原則から安全性や歩行・運搬・動作のムダのない置き場を決めます。そして、その置き場を誰もが分かるように表示を行います。大きなモノは床に線を引いたり、小さなモノはフェルトをくり抜いた姿絵に入れたりし、かつ「○○置き場」のような名札を記します。このように場所が特定されることで誰もが迷わず探さずに要るものを取り出すことが可能となります。

置き場・置き方

決められた置場にきちんと置きます。「きちんと」という表現は、他に「ちゃんと」「しっかりと」などの同義語がありますが、その基準が人により異なります。例えば、「ペンをきちんと置く」ということに対し、(a) 1本1本向きを揃えてペンケースに収納すること、(b) 向きはバラバラでもペンケースに入っていること、(c) ペンケースから多少こぼれても同じ引き出しに入っていること、など三者三様で「きちんと」の価値観が異なります。

このような場合は、**基準を明確にする**ことです。ペンは1人当たり鉛筆1本・ボールペン赤黒各1本、マーカー 3色各1本などのように量を決め、その量に応じた場所を特定し、その置き方・方法を明確にすれば、それが**基準**となります。鉛筆が2本あったり、向きが逆になっていたりすれば、それは基準からはずれ、「きちんと」

という定義からはみ出ることになります。このような基準があれば、人により異なる価値観が統一され、誰もが「きちんと」という曖昧な尺度を共有化できます。

表示の徹底

表示が徹底されていないと使用後、元の位置に戻すことができません。適当な所に置いてしまえば、そこから乱れていきます。全てのものに**表示**を施し、元の場所に戻すことを徹底させます。

整頓の推進

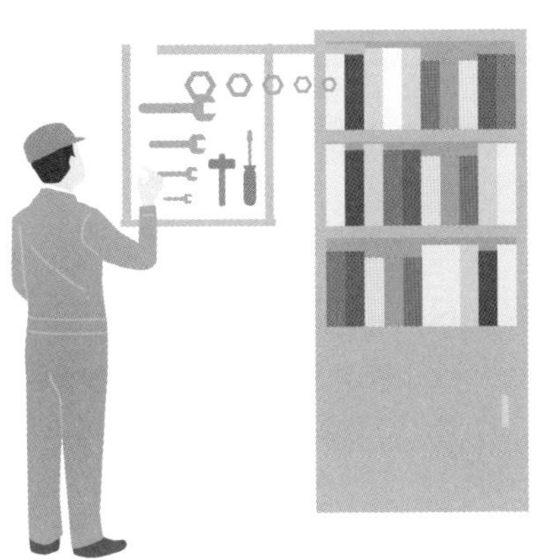

2-12 清掃・清潔・躾の推進
——5S改善手順⑤

次は、清掃・清潔・躾の展開です。整理・整頓の2Sの次に、残りの3Sを進めていきます。

清掃の推進

清掃は、**日常化**して使いたいものがいつでもすぐに正しく使えるようにします。いつでも使える状態とは、必要な時にすぐに作業や仕事が正しくできる状態です。例えば、一流のシェフは中華料理で料理をする際、一つの鍋で餃子をつくったら、すぐに洗って同じ鍋で炒飯をつくれるように常に鍋をきれいにしながら使い回します。すぐに掃除すればきれいになるものも、後でまとめてやれば、こびりついたりしていて汚れが落ちません。このように作業や仕事が終わったらすぐ掃除し、次の作業ができる状態を維持させます。1回1仕事で片づけを後回しにしないようにします。

清掃の推進

- 作業が終わったらすぐ清掃し、次の作業できる状態を維持する。
- 1回1仕事(仕事は1つずつ片づける)で片づけを後回しにしない。

中華鍋でひとつの料理をつくる

すぐに中華鍋を洗う

同じ中華鍋で違う料理を
作れるよう準備する

清潔の推進

清潔では、小さな乱れなどの異常がわかるようにし、整理・整頓・清掃された状態を**維持**するようにします。「築城3年、落城3日」とあるように整理・整頓・清掃はあっという間に乱れます。そうならならいように乱れを見える化し、小さな状態で処置し、常に行き届いた状態を保ちながら進化させていきます。

清潔の推進

●整理・整頓・清掃を常に維持する

躾の推進

躾は、職場のルールや規律を守り、守らせることです。そのためには、何故乱れたのか探求し、何故汚れたのかの原点を直す必要があります。行き当たりばったりでその都度直すような対症療法ではなく、問題の根っこを処置し、2度と繰り返さないように**原因療法**で改善します。

躾の推進

●何故乱れたか探求し、何故汚れたかの原点を直す。

対症療法 ▶ 表面的な症状の消失／緩和を目的とした治療法

原因療法 ▶ 問題の根っこを処置し2度と繰り返さないようにする根治的治療法

2-13
5Sの定着
——5S改善手順⑥

次の5S改善手順は、5Sの定着です。後戻り防止と定着化をはかります。

5Sを改善のツールとしてPDCAサイクルを回す

整理⇒整頓⇒清掃・清潔・躾の手順を一通り回してくれば、製造現場やオフィスの姿かたちは、様変わりしているはずです。これらの活動を通じて変えることへの抵抗もなくなり、満足感や喜びも湧いてくるはずです。しかしながら、姿かたちが変わっただけでは、投入した時間や労力に対して得られるものが感じられず、「言われたからやった」というやらされ感もなかなか払しょくできません。

やったからにはそれが一過性のお掃除活動ではなく、仕事そのものに寄与する効果につながるものでなければなりません。そのためには、5Sを改善のツールとして**PDCAサイクル**を回していくことが求められます。特に、オフィス部門ではPlanが長くなりがちで、分析ばかりで行動が伴わないことがよく起こります。**巧遅より拙速**でDoに重きを置いて進めることが肝要です。

巡回、自主点検、コンクール、表彰などで褒める／叱る

定着化させるには、定着させるための**仕掛け**を設計しなければなりません。過去の失敗事例を織り込みながら、5Sチェックリストを用いた**定期的な巡回**、**自主点検**、**コンクール**、**表彰**など後戻りしないような仕掛けをつくり、よく頑張っている所は**褒め**、何もやっていない所は**叱る**、ということも必要です。元来日本人は褒めることに抵抗があるので褒める対象を広げて皆の前で褒めることにより動機づけをはかります。また叱ることに対しても昨今は雷親父も少なくなりつつあるので、愛情をもって育てる意識で叱る対象を考えて叱ります。

5Sを改善のツールとしてPDCAサイクルを回す

●分析より、スピードと行動を重視する

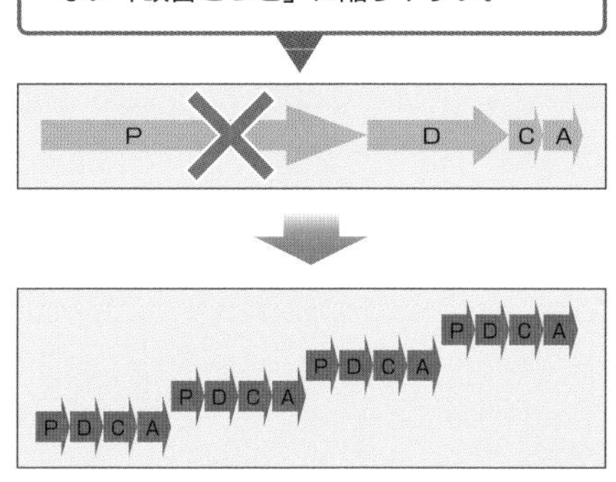

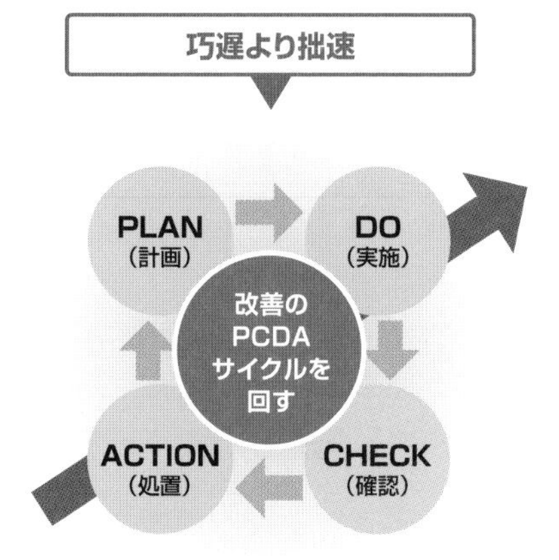

COLUMN　まずはやってみる

　P.F.ドラッカーは、「優れた者ほど間違いは多い。それだけ新しいことを試みるからである。一度も間違いをしたことのない者、それも大きな間違いをしたことのない者をトップレベルの地位に就かせてはならない。間違いをしたことのない者は凡庸である。そのうえ、いかにして間違いを発見し、いかにしてそれを早く直すかを知らない」という言葉を残しました。5S（改善）は、このような間違いの繰り返しです。100点をめざすのではなく、60点でよいのでまずはやってみる。そして、間違いがあれば、また改善すればよいのです。

2-14 5Sの横展開 ——5S改善手順⑦

5S改善手順の7番目は5Sの横展開です。狭い範囲から徐々に範囲を広げていきます。

まずはモデルを完成する

活動の準備のページで、いきなり全社展開をするのではなく、5S推進区を明確化して取り組むと記しましたが、この5S推進区が**モデル職場**です。狭いエリアでまずは取り組み、徹底的に5Sすることでそれがモデル・エリアとなります。そこからいろいろなルールやツール、進め方などが見えてきますので、改善を加え他の見本・お手本となるようなモデルを完成させます。

どこから先にモデル化し、どういう順序で展開していくかは様々ですが、一つの方法として**出口**（**出荷**）に近いところから始め、徐々に上流工程へさかのぼります。最初に出口を行う理由は､出口にその会社の問題点が集約されているからです。上流の各工程の悪さが後工程へと押し込まれ、最終的に出口にモノとなって出てきます。ですから、5S改善を出口からすることで、そこに現れた要因を上流にさかのぼって解決することで根治的な（発生源を根ごと取り去る）改善につながっていきます。

モデル職場から他職場へ

ひとつのモデルが完成すると、次はそれを他職場へ**横展開**していきます。横展開には、類似製品や同一行程への水平展開と、前工程・後工程への垂直展開があります。モデル職場の事例を現地現物で紹介したり、写真や動画で共有したりすることで、他職場がそれを盗み、真似することができます。他職場では、当然作業内容や業務内容が異なりますので、自職場に合わせた形にアレンジしながら展開していきます。

モデルを完成する

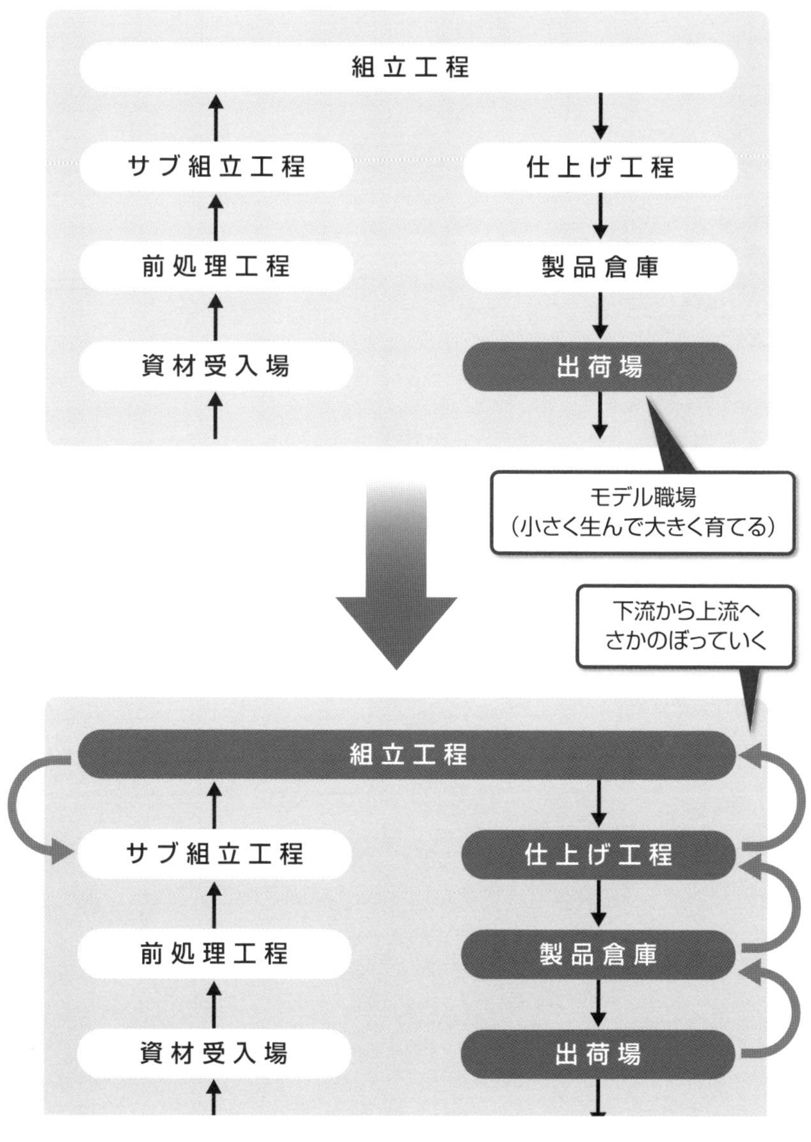
工場レイアウト図
組立工程
サブ組立工程
仕上げ工程
前処理工程
製品倉庫
資材受入場
出荷場
モデル職場
(小さく生んで大きく育てる)
下流から上流へ
さかのぼっていく
組立工程
サブ組立工程
仕上げ工程
前処理工程
製品倉庫
資材受入場
出荷場

COLUMN

5S＋Sは？

5Sに加えて、6番目のSや7番目のSと入れるところもあります。
例えば、

- ・セーフティ：安全第一という観点
- ・セキュリティ：個人・社内情報保護の観点
- ・洗浄および殺菌：食品業界で、衛生面確保や異物混入防止の観点
- ・しっかり・しつこく・信じて：5Sを確実に着実に行おうという観点

など自社で必要とされる「S」を定義し、そのSを共有しながら活動していきます。
しかしながら、いくつ新たなSを加えても最も重要なのは、あくまでも整理・整頓の2Sであることをお忘れなく！

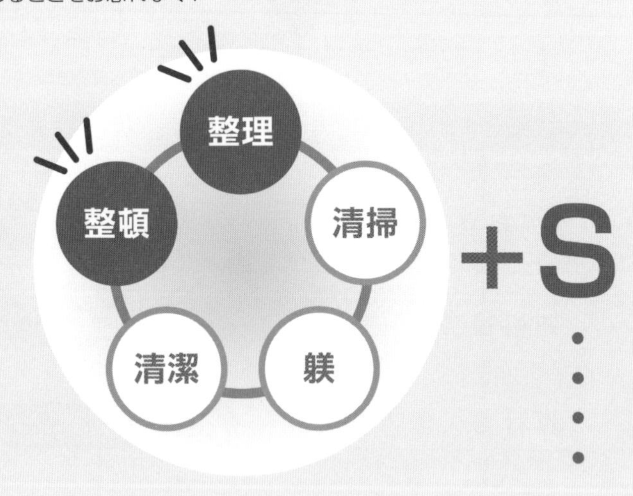

第3章

製造現場の5S

製造現場の実力は、5Sの視点から工場を見ると一目瞭然で測れます。5Sができていない職場は、Q（品質）·C（コスト）·D（納期）·S（安全）で問題を起こすことが多々あります。つまり、5Sができなければ、品質も悪く、コスト高で、納期遅延もよく起こし、安全面でも労災を発生させ、いつも現場は後始末で忙しい忙しいと言っているような負のスパイラルに陥っている工場になりがちです。従って、このような負の連鎖を断ち切るため、まずは5Sを徹底して行います。

本章では、5Sの進め方について、製造現場の各種ツールなどをご紹介しながら解説します。

3-1
赤札／黄札／5Sカード
——製造現場の整理①

整理は、要るものと要らないものに区別して要らないものを処分することです。それを進めていく上で必要なツール等をご紹介していきます。

行動を促すツールづくり

行動を起こさせるきっかけ作りがないために、5Sができないということがあります。5Sをしなければならない必要箇所が目で見て分かるようにすれば、やらざるを得なくなります。そこで、このような問題（異常）を明らかにする道具をつくり、その改善行動が実行されているかチェックする仕組みを構築していきます。

赤札／黄札

サッカーでは、反則行為に対しイエローカードやレッドカードが出ます。カードが出ることにより、危険なプレイを抑えようという自制心が働きます。このようにカードは、視覚的効果が行動に結びつく効果をもたらします。

会社や工場においても同様に、違反行為に対し**赤札／黄札**を出し、改善行動を促します。

赤札／黄札の使い方は、以下の通りです。

①整理の必要な箇所を特定する。
②その箇所に捨てた方がよいものに赤札、捨ててよいか迷うものに黄札を貼る。
③札が貼られた箇所を写真撮影したり、一覧表にまとめたりしながら、担当者に処置を促す。
④処置が終われば札を剥がし、事務局の確認を得る。

5Sカード

5Sカードは、赤札と同じ意味合いで、以下のように使います。

①5Sの必要箇所を特定する。
②その箇所に、5Sカードの上半分の必要事項（指摘場所･名称･内容･区分･数量･指摘年月日・指摘者・処置期限など）を記入する。
③5Sカードを現物に貼り付ける。
④2枚複写式であれば、1枚は現物に、もう1枚は事務局の工場マップに貼る。
⑤現場の責任者は処置期限内に改善する。
⑥改善が終了した5Sカードを現物から剥がし、下半分の必要事項（処置部門・処置者・処置内容・区分・使用頻度など）を記入する。
⑦現場の5Sカードを事務局に持参し、確認を得る。

このように改善が実行されなければ、いつまで経っても現場には貼られた状態が続きますので、必然的に改善をしなければいけない状態に追い込むことができます。

赤札／黄札／5Sカード

赤札／黄札

5Sカード

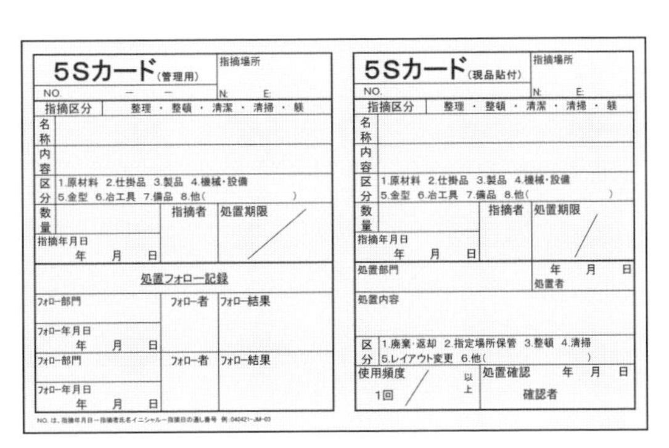

5Sカード（管理用）
指摘場所
NO.　－　－
N:　E:
指摘区分　整理・整頓・清潔・清掃・躾
名称
内容
区分　1.原材料　2.仕掛品　3.製品　4.機械･設備　5.金型　6.冶工具　7.備品　8.他（　）
数量
指摘者
処置期限
指摘年月日　年　月　日
処置フォロー記録
ﾌｫﾛｰ部門　ﾌｫﾛｰ者　ﾌｫﾛｰ結果
ﾌｫﾛｰ年月日　年　月　日
ﾌｫﾛｰ部門　ﾌｫﾛｰ者　ﾌｫﾛｰ結果
ﾌｫﾛｰ年月日　年　月　日
NO. は、指摘年月日－指摘者氏名イニシャル－指摘日の通し番号　例:040421-JM-03

5Sカード（現品貼付）
指摘場所
NO.
N:　E:
指摘区分　整理・整頓・清潔・清掃・躾
名称
内容
区分　1.原材料　2.仕掛品　3.製品　4.機械･設備　5.金型　6.冶工具　7.備品　8.他（　）
数量
指摘者
処置期限
指摘年月日　年　月　日
処置部門
年　月　日
処置者
処置内容
区分　1.廃棄･返却　2.指定場所保管　3.整頓　4.清掃　5.レイアウト変更　6.他（　）
使用頻度　1回／以上
処置確認　年　月　日
確認者

3-2
Before/After 5S改善シート
——製造現場の整理②

シートに現状のダメな姿を写真に撮り、改善を促します。

写真活用による前後の状態認識

写真は、目で見て誰にでもすぐに認識できるということが強みです。デジカメを使えば、簡単に貼り付けたり、データで流したりすることも容易です。このような写真を活用して、改善行動を促します。どのような写真を撮るかで5Sのレベルも異なってきます。ゴミが落ちていることを指摘する程度の写真は簡単に撮れますが、それは本来の5Sではありません。通路の一時置き、指定ラインからはみ出てモノが置かれている、決められたところにモノが返されていないなど本来の5Sの主旨に沿って問題を捉えていきます。そして、それらの問題を**5S改善シート**に添付し、改善行動につなげていきます。

間違えてはいけないことは、5Sシートを単なる発表用のシートにしないことです。結果報告のシートではなく、改善行動を起こさせるように活用します。

Before/After 5S改善シート

シートの使い方は、以下の通りです。

①5Sができていない箇所の現状の姿を写真に撮る。
②シートの左半分にその写真を貼り付ける。
③その写真の意味を何が、どうなっているかという補足を文章で付け加える。
④その問題に対し、改善スケジュール（実施項目・担当・期限など）を下段に記入する。
⑤これをよく目に付く場所に掲示する。
⑥見える化されることにより問題が明らかになり、改善行動が促される。
⑦期限が迫ってくると、朝礼などで進行具合を管理者がチェックする。

⑧期限遅れに対しては、管理者ができない理由や遅れている理由を確認しサポートする。
⑨改善が終了したら定点撮影し、その写真を右半分に貼り付ける。
⑩効果の確認を右下に記入し、シートの記入を完成させる。
⑪完成したシートは一定期間掲示し、その後ファイルしておく。

ここで重要なのは、上記④～⑧のステップです。問題を掲示した後、期限までに担当者に行動を取らせるようなアプローチをどのようにするのか工夫しなければなりません。このステップを飛ばしてしまえば、単なる結果発表のシートに過ぎなくなってしまいます。

Before/After 5S改善シート

● 写真により見える化する

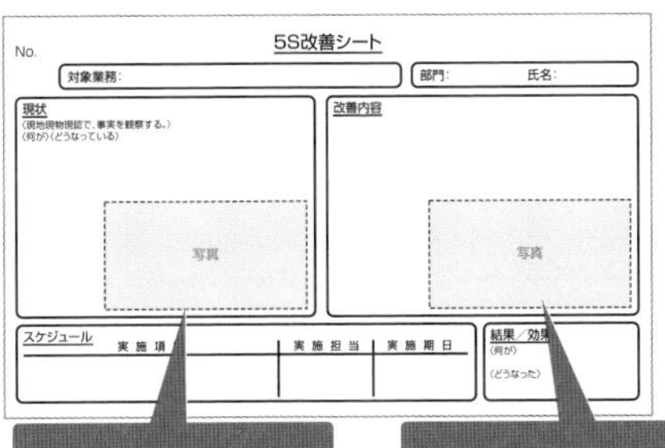

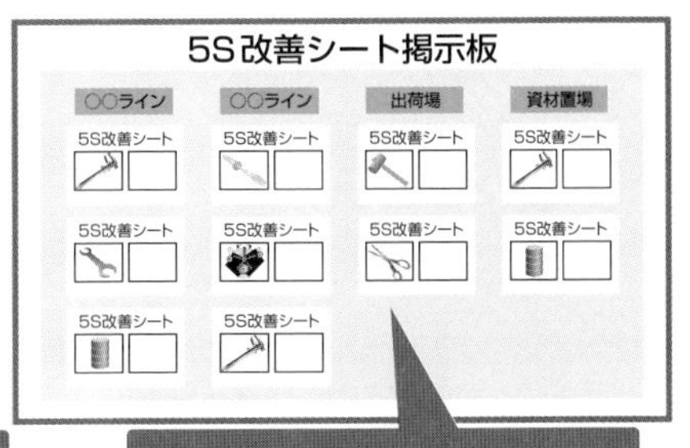

現状の悪さを指摘する

定点撮影で比較する

現状(Before)の写真を掲示し整理を促す

3-3 不要品たなざらし・迷い箱 ——製造現場の整理③

要るものか要らないものかの区別がつかないものを一箇所にまとめ処置を促します。

要るものか／要らないものか区別する

社内·工場内には、誰のものか分からないものや責任者不明のものが存在します。その理由は、異動・退職者がいて判断つかなくなってしまったことや他部門のものが紛れ込んでしまっていることなどがあります。このようなものが存在すると捨てたくても捨てられない、どこかに移したいが移せないといったことが生じてきます。そこで、そのような所在者不明のものを一箇所にまとめて、その所有者を明らかにし、不明なものは期限を切って廃棄します。

不要品たなざらし

不要品たなざらしの進め方は、以下の通りです。

①要るものか要らないものか区別つかないものを選別する。
②それらを一箇所にまとめて、よく目に付く場所に置く。
③そこに保管する期限を決める。
④期限を越えたものは処分してしまうことを明示する。
⑤朝礼やメールなどで心当たりのある人は対処することを案内する。
⑥期限がきたら、残されたものは所有者がいないと判断し処分する。

迷い箱

同様の目的で**迷い箱**を置くケースもあります。モノが小さいものであれば、置き場でなく迷い箱の中に入れ、期限を切って処置します。

不要品たなざらし・迷い箱

●不要品を一箇所にまとめる

COLUMN 5Sの中でもまず2S

5Sの中でも重要なものは、整理・整頓の2Sです。この2Sができれば、5S全体の8割近くできたと言っていいでしょう。では、そのできた／できないの判断はどうしますか。そのメジャーは、徹底具合です。工具1本、ビス1本まで徹底して行われれば、それが成果として現れてきます。やるからには、“徹底的に”がキーワードです。

3-4 整理基準
——製造現場の整理④

誰もが要るものと要らないものを区別できるように、捨てる基準をつくります。

誰でも自ら判断できるようにする

要るものと要らないものを自ら判断できなければ、処分することはできません。他部署・上司・周りの関係者にその都度聞きまわり確認しなければいけませんが、この確認作業が面倒なためつい処分せずにモノが溜まっていきます。わざわざ確認作業をしなくても、自ら処分できるような判断基準をつくれば、整理が進みます。これが、**整理基準**です。

整理基準

整理基準のつくり方は、以下の通りです。

①身の回りにあるモノを洗い出す。
②それらを区分し、表に記入する。
③区分内には、どのようなモノが含まれるかを名称欄に記入する。
④それらのモノが、どれほどの使用頻度か明らかにする。
⑤その使用頻度を2 ～ 3段階に分ける。
⑥使用頻度に応じて、処理区分を設ける。
⑦処理判定者を認定する。
⑧廃棄承認者を設定する。
⑨廃棄までの保管期間を設定する。

整理基準

●捨てる基準をつくる

整理基準

NO.	区分	名称(複数可)	使用頻度	処理区分	処理判定者	廃棄承認者	廃棄までの保管期間
1	原材料	コイル材、カット材	1回／週超 1回／週以下 1回／月以下	現場で使用 ストア管理 一時保管後廃棄	担当者 リーダー 課長	部長	6ヶ月
2	半製品	切削加工完了品、表面処理前品	1回／週超 1回／週以下 1回／月以下	現場で使用 ストア管理 一時保管後廃棄	担当者 リーダー 係長	課長	1ヶ月
3	不良品	検査不合格品、工程内不適合品	1回／週以上 1回／月以下	指定置き場保管 一時保管後廃棄	担当者 リーダー 係長	課長	1ヶ月
4	工具	ドライバー、レンチ、スパナ、ハンマー	1回／週超 1回／週以下 1回／年以下	現場で使用 ストア管理 一時保管後廃棄	担当者 リーダー 係長	課長	1年

3-5
時間の目盛、PQ分析
——製造現場の整理⑤

不要な中間在庫・仕掛品や製品を整理します。

時間の目盛で中間在庫・仕掛品を削減する

「今」という単位が、**時間の目盛**です。例えば、朝一番で今日行う仕事の材料を全部揃えて1日が終われば何も残らなければ時間の目盛りは､「日」です。この場合、完成までに5工程あるとすれば5日分の仕掛品が滞留することになります。一方、ある自動車会社のように、2時間ごとに材料がライン側（サイド）に来て2時間経てばその組立が終わり次の2時間分の材料がまた来るということであれば時間の目盛りは、「時間」となります。この場合、完成までに5工程あるとすれば仕掛品は10時間となりほぼ1日分で済みます。このようにライン側にどれほどのモノを持つかという尺度が、1日より1直、1直より1便、更に時間というように手元やライン側（サイド）に置くモノの量を少なくしていくことで仕掛品が少なくなり、ひいてはリードタイムが短縮されます。

時間の目盛を細かくすればするほど、リードタイムが短くなり、不要な中間在庫や仕掛品も減っていきます。安全をみて多目の在庫を持つのではなく、極力時間の目盛を小さくすることにチャレンジしていきます。

時間の目盛

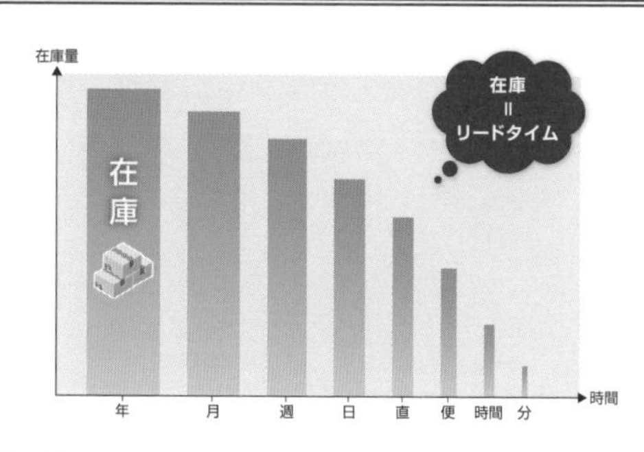

PQ分析で製品を削減する

次に、アイテム数を減らす整理について考えてみます。消費財では、知らないうちに新製品・新商品が増え、それに伴うラベル・パッケージ・梱包資材や補給部品などが膨らんでいきます。当然管理の手間も増え煩わしくなっていきます。

そこで、**PQ分析**により、Product（品目）とQuantity（量）の関係から**パレートの法則**（20%の労力をかけたものが80%の成果を生むというもの）に従って、重要視しなければならないものを絞り込みます。量の多いものはAランクとして日常管理し、ほどほどの量のものはBランクとして共用化/統廃合できないか判断し種類を絞り込み、量の少なくなってきたものはCランクとして生産終了、廃番にします。こうすることで、管理すべきアイテム数が削減され、在庫管理が楽になります。

PQ分析

● ABCランクに分け、必要な製品を絞り込む

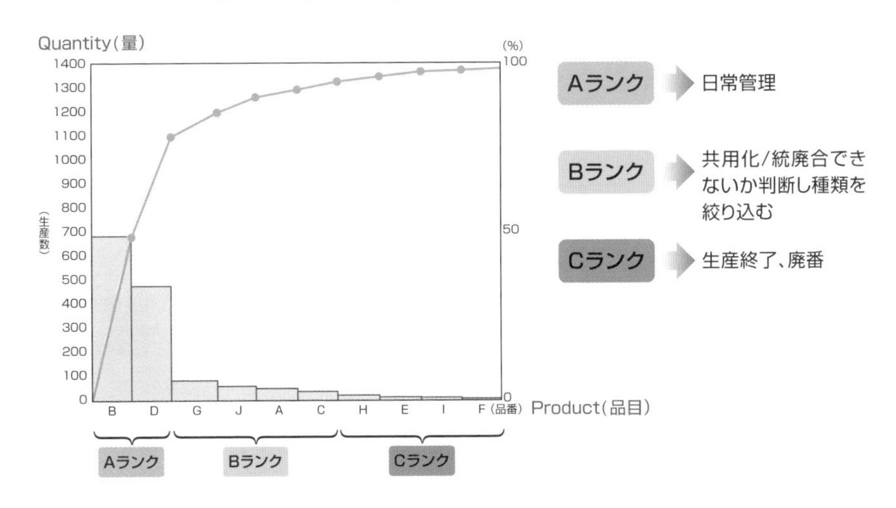

3-6 垢落とし活動（クリーンアップ活動）——製造現場の整理⑥

全社的に不要品を洗い出し、処分します。

手つかずの不要品を徹底的に処分する

死蔵品、長期滞留品、不良品、所有者不明品、再格付品・手直品など手つかずに眠っている不要品を**不要品リスト**にし、品目、コード、数量、単価、金額、廃却区分、支給区分、対処と改善ポイントなどを一覧表にまとめます。製品類だけでなく、仕掛品、材料、治工具、刃具、計測器、運搬具、副資材などまで徹底的に処分します。

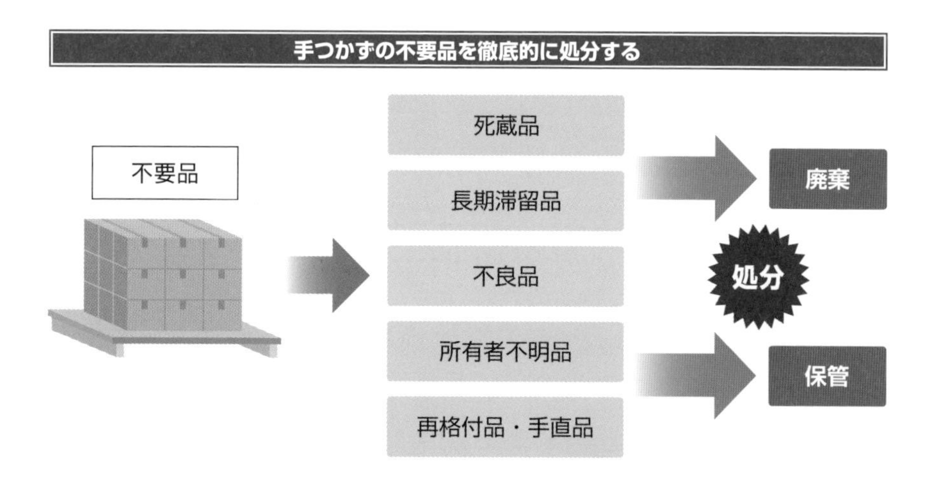

設備も思い切って処分する

設備は、多大な投資をして導入したものであっても、使うことがなければ不要品でしかありません。かえってスペースを取る分、邪魔になり、モノの流れをさえぎります。それ故、使用頻度の低い設備は、**不要設備一覧表**にて、設備名、コード、数量、単価、取得金額、取得年月日、償却累計、簿価、設置場所、対処と改善ポイントなどを一覧表にまとめ、売却や除却処分するなどして帳簿上の資産にも思い切ってメスを入れます。

不要品リスト・不要設備一覧表

●帳簿上の資産にもメスを入れる

不要品リスト　　　　作成日○○　　発行部署○○

NO.	品名	ロット	数量	発生理由								処分方法					
				計画変更（生産中止）	計画変更（生産減）	消費量見込み違い	安全在庫過多	使用不能	用途消滅	老朽化	他	廃棄	返還	修理	転用	移動	他

不要設備一覧表

設備名	コード	数量	単価	取得金額	取得年月日	償却累計	簿価	設置場所	対処と改善ポイント

3-7 3定 ——製造現場の整頓①

整頓では、要るものを使いやすくムダな動作をさせないようにするために置き場・置き方・表示など追求します。

3定

定置・定品・定量のことで、決められた「位置（場所）」に、決められた「品（物）」を、決められた「（数）量」だけ置きます。

定置

まずは**置き場（位置・場所）**をどこにするかを考えます。使用頻度に応じて、頻度が高ければ手元に、頻度が低ければ遠方に置き場を決めます。置き場が決まったら、その置き場を整備します。区画線を入れたり、棚割りをしたりしながら、置き場のスペースを確保します。次は、置き場の**表示**です。ロケーションを決め、所番地・棚番号を表示します。このあたりの所謂住所表示がはっきりしなければ、探すムダが発生しますし、使用したものを元の位置に戻すこともできなくなってしまいます。

定品

決められた置き場には決められた**品物**を置きます。例えば、ドライバー置き場を決めたならば、そこにドライバーが置かれてなければなりません。そうすれば、目をつぶっていてもドライバーを取り出すことができるようになります。またビスも決められたサイズ置き場に決められたサイズのビスを置きます。6ミリのビス置き場に8ミリのビスが入っていたりすれば、間違えて取り付けてしまいます。このように目をつぶっていても取れるようになれば生産性は上がり、取り間違いがなくなれば品質は高まります。

定量（定数）

定置・定品ができたら、次はその**量**（**数量**）を決めます。最大在庫量は、3つまで置いていい、或いは1メートルの高さまで置いていい、というように上限を決めます。最小在庫量は、いくつになったら発注する、或いは仕掛けるというように下限を決めます。

3定

- **定置：**
  - 使用頻度や使い方·作業手順に応じて**置場**を決め、**ストライクゾーン**(最適作業域)で仕事ができるようにする。
  - 置場を決めたら**表示**を徹底する。表示が無ければ、無造作に何かを置いてしまい乱れの基となるので、全てに表示を施す。
- **定品：**
  - 決められた置き場には決められた**品物**を置く。
  - 図書館の本棚のように本棚の番号と本自体の番号が合うように品物自体にも**表示**を徹底し、**戻す工夫**を行う。
- **定量(定数)：**
  - 定置·定品ができたら、次はその**量(数量)**を決める。
  - **最大在庫量**は、3つまで置いていい、或いは1メートルの高さまで置いていいという上限であり、**最小在庫量**は、いくつになったら発注する、或いは仕掛けるというような下限となる。

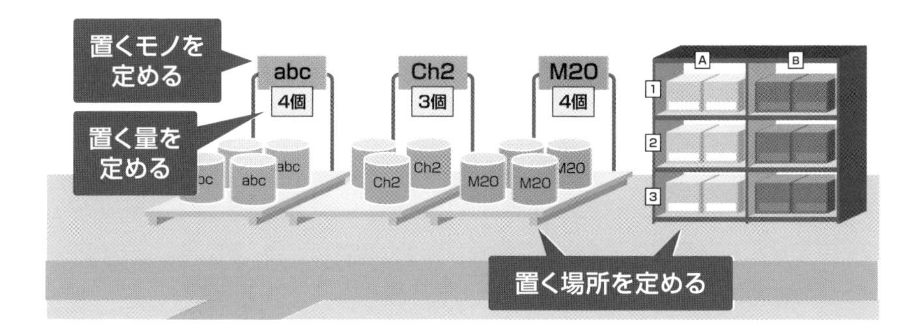

3-8 フロアーコントロール ——製造現場の整頓②

ムダな運搬や歩行、動作などが少なくなるように、置き場を設計します。

ゾーニング

使用頻度と置き場の位置関係を正比例させます。つまり、よく使うものをAランクとすれば、それを運搬距離や歩行などが少なくなるようにメイン通路沿いなどに置きます。そこから使用頻度が下がるにしたがってBランク、Cランクとし、外周通路沿いや内側にゾーニングします。

ロケーション管理

ロケーション管理には、自由な**フリー・ロケーション**と、固定化された**フィックスド・ロケーション**があります。

- **フリー・ロケーション**：同一品種のものを収容するエリアを予め決めておき、空いている場所に置く方法。量などの変動が多い製品、リードタイムの短い製品など変動対応性が求められる場合に用いる。
- **フィックスド・ロケーション**：品番ごとに収容場所を決めておき、所定の場所に所定の製品を置く方法。定置・定品ができるので、探しやすく、誰でもわかるようになる。

また、使用頻度とロケーションには、相関関係があります。基本は、「今」使うものだけ手元に置き、頻度が低くなるほど手元から遠ざけます。手元に今使う分だけしかなければ、その周りは作業性が向上しますし、つくり過ぎの防止にも役立つし、不要な在庫をかかえることもなくなります。例えば、「今」を基準にしてロケーションを決めると以下のようになります。

①1時間／回（少なくとも1時間に1回は使用する）⇒手元 ②1日／回（少なくとも1日に1回は使用する）⇒作業部署内 ③3ヶ月／回（少なくとも3ヶ月に1回は使用する）⇒同一建物内 ④1年／回（少なくとも1年に1回は使用する）⇒同一工場内 ⑤1年以上／回（少なくとも1年以上使用したことがないもの）⇒廃棄または転用

定期的な移し替え

使用頻度に応じてロケーションを決めたものでも、需要変動や作業環境に応じて使用頻度が変化します。頻度が低くなっていけば、モノは自ずと停滞していきます。このような時は、使用頻度を再設定し新たな使用頻度に応じて**移し替え**を棚卸しのタイミングなどで定期的に行います。今は手元に置いて使用しているものでも、頻度が下がれば遠ざけた位置に移動させます。

ゾーニング

●運搬距離や頻度が少なくなるようなゾーニングをする

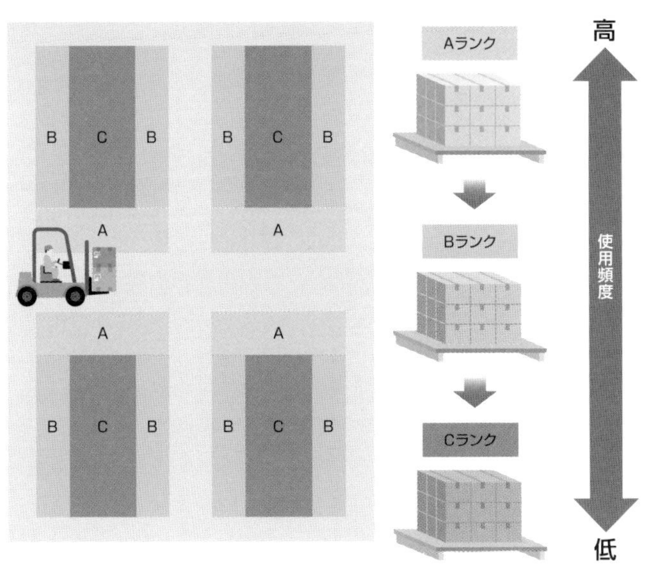

3-9 ロケーション表示 ——製造現場の整頓③

置き場を誰もが探すことなく、欲しいものがすぐ分かるようにします。

ロケーションマップ

一般的な地図は、所在地を経度（東西）と緯度（南北）の座標から指し示します。**ロケーションマップ**は、置き場の地図です。例えば、経度にあたる縦軸をA·B·C……というように設定し、緯度にあたる横軸を1・2・3……というように設定すると、経度のAと緯度の1が交差する地点が、A－1という所番地になります。

ロケーションマップのつくり方は、以下の通りです。

①工場内の梁や柱を目安にして、経度にあたる縦軸と緯度にあたる横軸を設定する。
②設定した座標軸が誰でも分かるように表示する。
③定置·定品の観点から、どの所番地（定置）に何を置くか（定品）を決定する。
④所番地とモノの関係をマップにする。
⑤マップをよく見えるところに表示する。
⑥状況に応じて、所番地とモノの関係を常に見直し、マップを更新する。

マップは、常に更新しやすいものにしなければ古地図と化してしまいます。そのためにモノの表示をマグネットにするなどして更新が容易となるように工夫します。

棚番号

収納棚にもロケーションマップと同様に所番地をつけます。棚番号のつけ方は、以下の通りです。

①棚（ラック・収容棚・キャビネットなど）の種類やサイズをできるだけ揃える。
②棚を規則的に整列させる。
③棚の番号を順列などでつける（A・B・C……など）。
④棚の段の横軸の番号をつける（a・b・c……など）。
⑤棚の段に縦軸の番号をつける（1・2・3……など）。
⑥棚の配列の鳥瞰図をマップに掲示する。

このように表示すれば、例えばA−b−2の所番地には、○○があるというようにすぐに探すことが可能となります。

ロケーション表示

●誰でもわかる、取り出せるように表示を徹底する

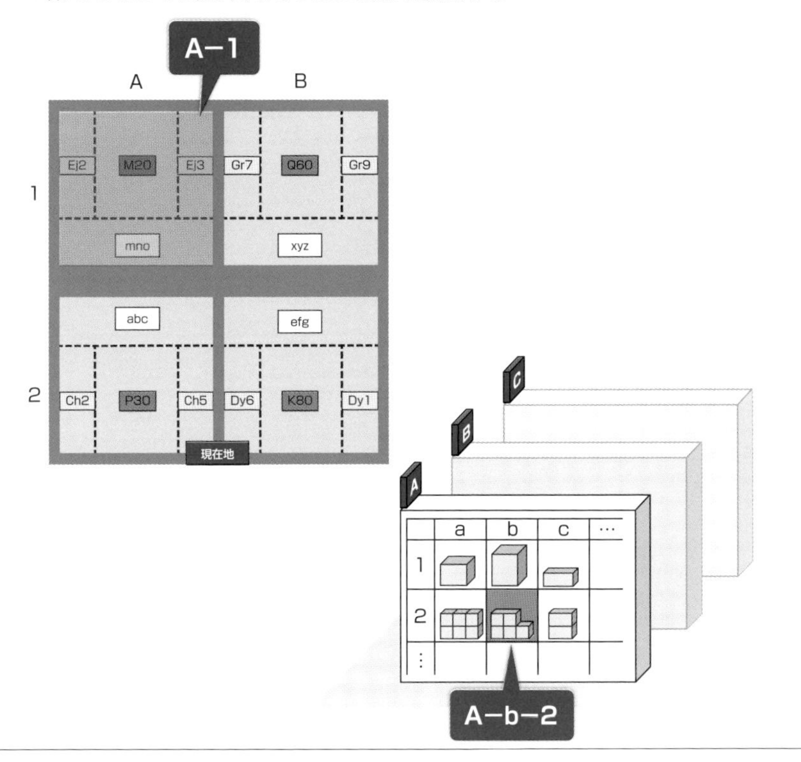

3-10 インダストリアル・エンジニアリング ——製造現場の整頓④

手元に置くものは、インダストリアル・エンジニアリング（IE）を考慮して、整頓します。

IEとは

IE（Industry Engineering）は、作業研究または生産工学とも訳され、「テーラーの科学的管理法」や「ギルブレスの動作研究」に端を発しています。それぞれの職種で実際に高い業績をあげた者に共通してみられる行動特性に注目し、そこから模範的な行動を導き出そうとするものです。

つまり、動作研究・作業研究を通じて、誰もが熟練作業者が作業を行うが如く生産性の高い仕事ができるようにすることです。そのためにはムダな動作をなくすようにモノや設備などの位置を決め、作業者が**最適作業域**で動くことを追求します。

最適な横の作業範囲

作業範囲の横位置は、以下の通りです。

①**ストライクゾーン（最適作業域）**：肩幅（直径約30センチ）の半円の中
②**正常作業域**：両肩を支点として約30センチの範囲で肘が収まる円の中
③**最大作業域**：両肩を支点として約50センチの範囲で手先が収まる円の中

最適な縦の作業範囲

作業範囲の縦位置は、以下の通りです。

①**正常作業域**：肘を支点として約30センチの範囲で肘を折り曲げて作業できる高さ

②**最大作業域**：肩を支点として約65センチの範囲で腕を伸ばせば届く作業の高さ

最適な作業姿勢

縦横の最適な作業範囲で作業させれば、疲れを感じさせず、動作が楽になり、生産性が増します。

そのためには、

①定位置立ちで若干の移動あり

②定位置立ちで移動なし

③座り作業

この3つの中では、「①定位置立ちで若干の移動あり」がベストです。座り作業が楽だと思われている方もいるかと思いますが、定位置立ちで若干の移動あった方が疲れは感じず、生産性も高まります。

最適作業域（ストライクゾーン）

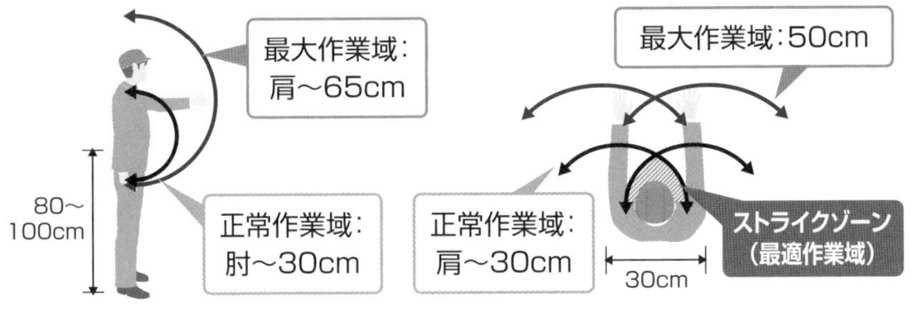

最大作業域：肩～65cm
正常作業域：肘～30cm
80～100cm
最大作業域：50cm
正常作業域：肩～30cm
30cm
ストライクゾーン（最適作業域）

3-11 動作経済の基本原則 ——製造現場の整頓⑤

最小限の疲労で最大の成果を上げられるように、最も良い作業動作を実現させます。

動作経済の基本原則

4原則は、以下の通りです。

①動作の数を減らす：
材料・工具などの置き方を工夫することで、モノを探す・選ぶなどのムダな動作を排除する。
②動作を同時に行う：
両手が自由に動作できるようにし、その自由な手を手待ち状態にしない。
③動作の距離を短くする：
身体を動かす距離が長くなれば運動量が増え、労力が余分にかかり動作時間が長くなる。
④動作を楽にする：
かがんだり、背伸びをしたりといった無理な姿勢で作業せず、判断などの心的努力を最小限にとどめる。

更にそこから、

①身体使用の原則：
・両手は同時に動かし始め、同時に動かし終える。
・ジグザグに動くのではなく、滑らかな曲線を描くように動く。
・作業はリズムを取りながら行う。
・視線は頻繁に動かさない。

②設備および配置の原則：

・道具は固定した位置に置く。

・道具や部品は、作業者の近くに近づける。

・作業者に適切な明るさを確保する。

・道具の取り出しは重力を利用する。

③機械機器、設計の原則：

・レバー操作は、作業姿勢をあまり変えない。

・一つの工具で複数機能を持たせる。

・一つの操作で複数機能を持たせる。

・道具の柄は太くする。

の3つがあります。

動作経済の基本原則

①動作の数を減らす
②動作を同時に行う
③動作の距離を短くする
④動作を楽にする

1)身体使用の原則
2)設備および配置の原則
3)機械機器、設計の原則

動作の数を減らす

動作を同時に行う

動作の距離を短くする

動作を楽にする

3-12 置き方の設計 ——製造現場の整頓⑥

置き方は、次のようなことも考慮して決めます。

材料・製品・仕掛品の置き方

材料・製品・仕掛品の置き方は、次のことに注意します。

①**先入れ先出しが可能**：積み替え、移し替えなどがなく、古いものから使えるように置く。
②**運搬しやすい置き方**：トラック、リフト、台車などの運搬媒体に合わせて置く。
③**取り出しやすい置き方**：奥ではなく、通路沿いに置く。
④**製品別置き方**：他製品と混乱しないように置く。
⑤**機能別置き方**：加工・組立て・検査などの機能毎に置く。
⑥**モジュール化**：使用数量に合った1単位×nのモジュール単位で置く。

治工具・資材類の置き方

治工具・資材類の置き方は、次のことに注意します。

①**機能別置き方**：加工・組立て・検査などの機能毎に置く。
②**治工具の共通化**：共通化で種類の削減をする。
③**使用点の近接化**：ムダな動きがないように、なるべく近づける。
④**形跡（定跡）管理**：元の位置に戻せるように姿形をトレースして管理する。
⑤**目隠し戻し（サック入れ）**：目をつぶっていても戻せるようにサックなどに入れて使う。
⑥**無意識戻し（スプリングコード）**：手を離せば元位置に戻るようにスプリングコードで天井からつるすなどして使う。

形跡（定跡）管理

●使用後戻しやすくする

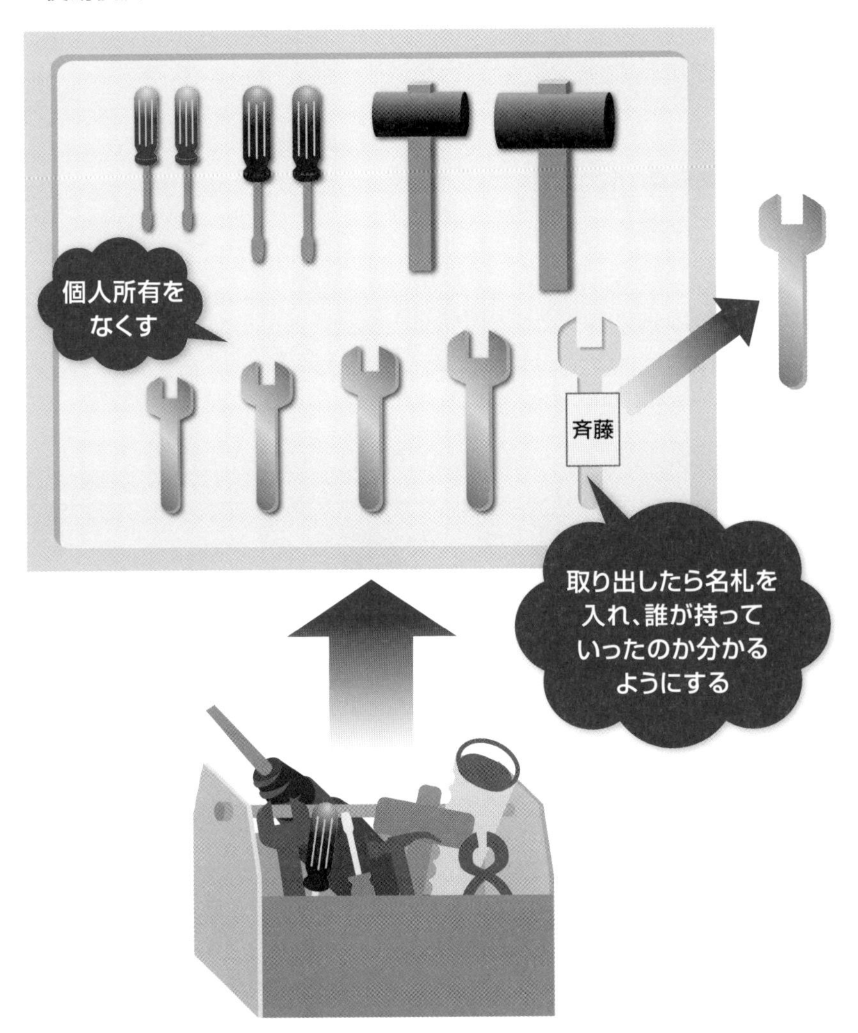

3-13 整頓基準 ——製造現場の整頓⑦

要るものを使いやすい場所にきちんと置くための基準をつくります。

ルールをつくる

工場内で、ある職場は部品収納にポリケースを使い、別の職場では段ボールを使うというようであれば、積み替えや移し替えのムダな作業を発生させます。また、ある職場は完成品置き場のライン色が白色、別の職場では青色というようであれば、誤配送を発生させます。このように職場ごとに勝手なやり方を行うのではなく、社内で統一したルールをつくり、誰でもどこでも分かるようにします。

整頓基準

整頓基準のつくり方は、以下の通りです。

①整理が終わった要るものを洗い出す。
②それらを区分し、表に記入する。
③区分内には、どのようなモノが含まれるかを名称欄に記入する。
④それらのモノの置き場を明示する。
⑤保管機器（パレット・ラック・通い箱・棚など）を決める。
⑥置き方（平置き・積み重ねなど）を決める。
⑦何に（どこに）表示するか（現品・置き場・容器など）を決める。
⑧表示方法（ラベル・看板など）を決める。
⑨置き場の表示色を決める。

整頓基準

● 部門により収容形態、色使い、表示法などが異ならないようにルールを統一する。

整頓基準

	区分	名称	置き場	保管機器	置き方	表示物	表示方法	置き場表示色
1	原材料	コイル材、カット材、線材、押し出し成型材、樹脂ペレット、	使用現場 指定置き場	パレット ラック	平置き 平置き	現品と置き場 現品	ラベルと看板 ラベル	黒 黒
2	半製品	切削加工完了品、表面処理前品	使用現場 ストア 指定置き場	通い箱棚 パレット	平置き 平置き 積重ね	置き場と容器 置き場と容器 保管容器	ラベルと看板 ラベルと看板 ラベル	緑 緑 青
3	不良品	検査不合格品、工程内不適合品	指定置き場	パレット	積重ね	置き場と容器	看板	黄
4								
5								

COLUMN

ハサミの位置を決める

トヨタイズムで医療用防護ガウンの生産工程改善があります。その中で生地切断の際、ハサミの置き場を定置化する事例があります。これが整頓であり、改善の入口です。

3-14
清掃の日常化
——製造現場の清掃①

清掃では、日常化して使いたいものがいつでもすぐに正しく使えるようにします。

清掃の日常化

毎日5分でも10分でもよいから、空き時間などを利用して小まめに掃除を実施します。掃除を**日常化**することで、設備や治工具に愛着がわき、モノを大切にする心が育まれ、会社や製品への信頼感が増します。

清掃チェックリスト

清掃する箇所は毎日しなければならない所もあれば、高所であったり設備停止しないとできない所もあったりしますので、毎日する箇所、1週間で1度の箇所、1か月に1度の箇所というように場所に応じた頻度で**清掃チェックリスト**を作成し、ルール化します。

ここから設備のメンテナンス計画にもつながっていきます。

清掃当番表

清掃は、業者任せにせず自らできることは自らするようにし、自分たちですべき箇所、エリア、機械などを決め、**清掃当番表**などを用いて日常化させます。

清掃チェックリスト

●清掃頻度を決める

- 毎日毎回
- 毎日朝・昼・夕のいずれか
- 週1回
- 月1回
- 四半期に1回
- 半期に1回
- 年1回　　など

	作業箇所	時間	毎日			週1回	月1回	四半期に1回	半期に1回	年1回
			朝	昼	夕					
1	ゴミ回収	2分	○	○	○					
2	壁面拭き	3分	○							
3	作業台清掃	3分	○	○	○					
4	床洗浄	3分		○						
5	包丁研ぎ	5分				○昼				
6	…									
7										
8										
⋮										
計										

清掃当番表

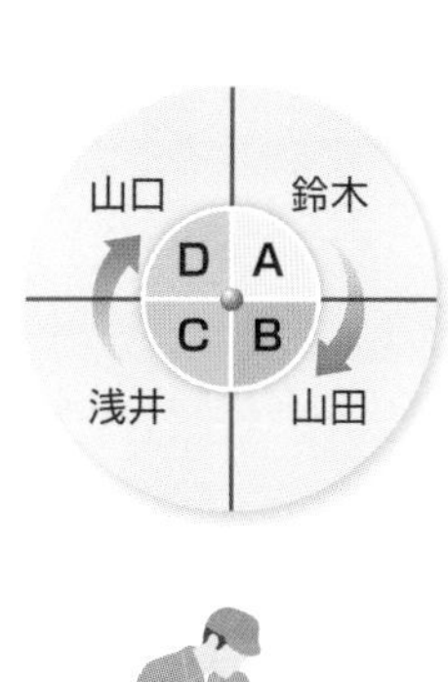

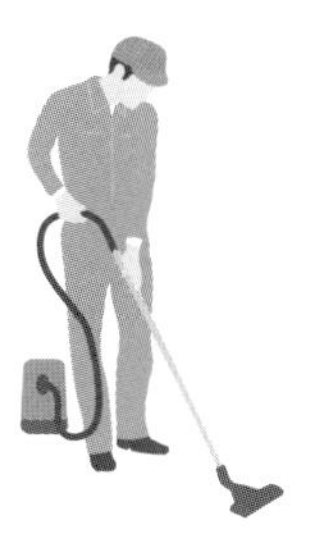

●清掃当番表

始業前10分間

	月	火	水	木	金
A	事務所	会議室	トイレ	廊 下	事務所
B	廊 下	事務所	会議室	トイレ	廊 下
C	トイレ	廊 下	事務所	会議室	トイレ
D	会議室	トイレ	廊 下	事務所	会議室

3-15
掃除道具の管理
——製造現場の清掃②

掃除道具の管理方法をみれば、その会社の5Sレベルが分かります。

掃除道具のオープン化管理

掃除道具は、いつでもすぐに掃除できるように必要なものを必要なだけ揃えて置きます。多すぎても少なすぎてもダメです。モップ1本、ほうき1本、ブラシ1本、ちりとり1個……というように決められた道具を決められた本数だけ、各職場で管理します。

掃除道具は、密閉されたロッカーの中にしまってしまうと「汚いものにはふたをする」の例えのようにかえって管理が難しくなりますので、あえて**オープン化**し、フックなどで吊るすなどして外から見えるようにします。こうすることで、道具の有る無しがひと目で分かるようになり、管理が容易になります。

掃除道具の管理レベル＝その会社の5Sレベル

例えば、「匠」と呼ばれるような一流の腕の良い職人は、道具にもこだわり、手入れもしっかり行います。つまり、「道具の管理が良い＝一流の職人＝良い仕事ができる」という図式が成立します。同様に、掃除道具が、きちんと管理されている会社は、通常5Sもしっかり行き届いていると言えます。道具にも愛着を持って接しないところでは、心のこもった5Sはできません。

掃除道具のオープン化管理

COLUMN

工場簡易診断

　コンサルティングに入る前に、よく工場簡易診断を行います。工場の出口からさかのぼって、上流工程までひと通り工程の流れを追いながら問題点を探していきます。この時5Sのレベルをよく見ます。掃除道具もその内のひとつで、非常に簡単なバロメーターになります。

3-16 発生源対策 ——製造現場の清掃③

汚れたら掃除することの繰返しを避けるため、汚れないような仕組みにします。

汚れの基となる発生源箇所に対策を施す

ゴミが落ちたからその都度掃除するという繰り返しをするのではなく、ゴミが落ちなければ掃除をする必要もなくなるので**発生源**に着目します。例えば、切削加工で切子が床に散乱するようであれば、カバーを取り付け、切子の飛散防止をはかります。このようにそもそも汚れないようにすることができないかという発想で、ゴミ・汚れの**発生源対策**を検討します。

汚れの基となる発生源箇所に対策を施す

●発生源対策として、飛散防止をはかる

ゴミ・汚れの発生源対策　　飛散防止（カバー取り付け）

仮置き・チョイ置きをなくす

清掃が行き届いてピカピカの職場には、ゴミを落としたり、所定場所以外にモノを置いたりするような**仮置き・チョイ置き**することがためらわれます。置くところがないから通路に置いておこうというようなちょっとしたことから事故や災害が生まれます。躓いたり、滑ったり、転んだりしないように安全面からも清掃は大切です。

仮置き・チョイ置きをなくす

●安全な職場をつくる

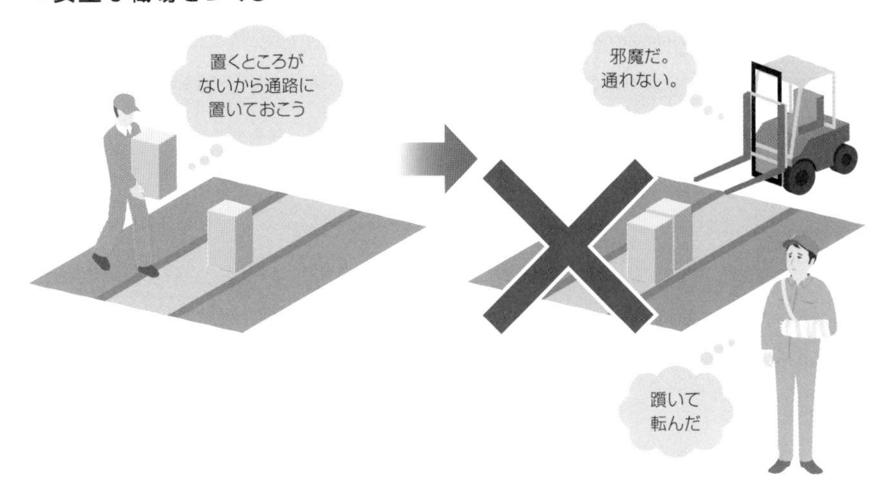

3-17 設備の清掃 ——製造現場の清掃④

設備の清掃で突発故障を防止します。

清掃で設備の問題を浮かび上げる

日常清掃点検を行っていれば、オイル漏れや異音などの設備の異常に気づくことができます。設備が壊れて事後保全するのではなく、**予防哲学**で計画保全をし、**未然防止**をはかります。

清掃で設備の問題を浮かび上げる

●日常清掃点検で、設備などの問題が浮かび上がるようにする。

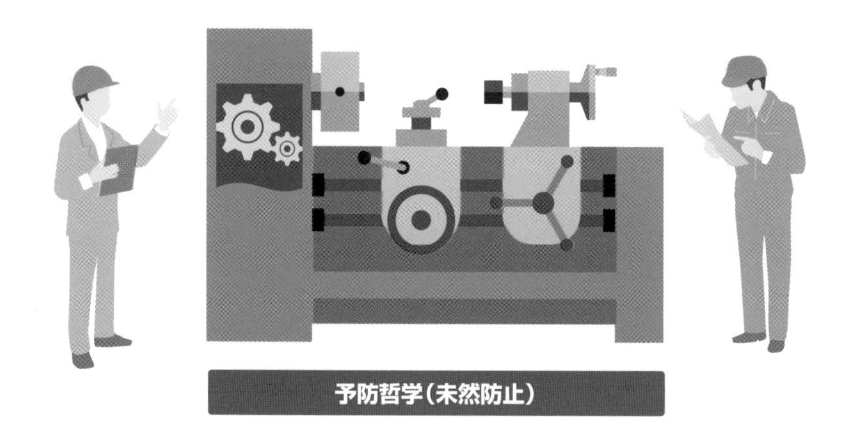

設備メンテナンス

　汚い所から品質不良や設備故障が発生するので**メンテナンス**を心がけます。毎日行う日常点検とは別に、週1回点検する箇所、月1回点検する箇所というように**清掃給油点検基準書**、**自主点検チェックシート**、**自主保全基準・カレンダー**などを作成してメンテナンスに取り組みます。

設備メンテナンス

●汚い所から品質不良や設備故障が発生するのでメンテナンスを心がける

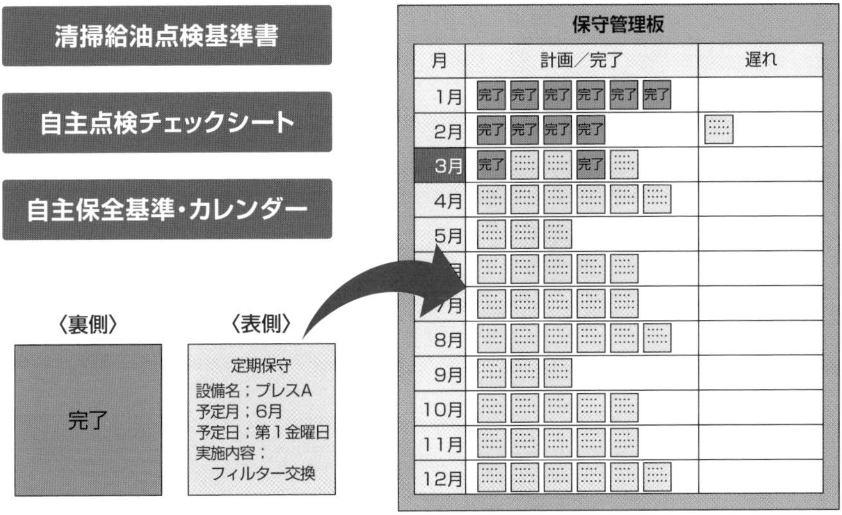

- 清掃給油点検基準書
- 自主点検チェックシート
- 自主保全基準・カレンダー

〈裏側〉

完了

〈表側〉

定期保守
設備名；プレスA
予定月；6月
予定日；第1金曜日
実施内容；
フィルター交換

保守管理板

月	計画／完了	遅れ
1月	完了 完了 完了 完了 完了 完了	
2月	完了 完了 完了 完了	
3月	完了　　　完了	
4月		
5月		
6月		
7月		
8月		
9月		
10月		
11月		
12月		

3-18 小さな乱れに対処する
——製造現場の清潔①

清潔では、小さな乱れなどの異常がわかるようにし、整理・整頓・清掃された状態を維持します。

扉のオープン化

掃除道具と同様に資材や治工具類でも扉を**オープン化**します。例えば、扉の有るロッカーに入れたものは管理の目が行き届かず、小さな乱れが大きくなっても気づきませんので、扉を取り去りオープン化します。そうすれば管理の目が届くようになり、小さな乱れが大きくなる前に対処することができます。

小さな乱れを見える化する

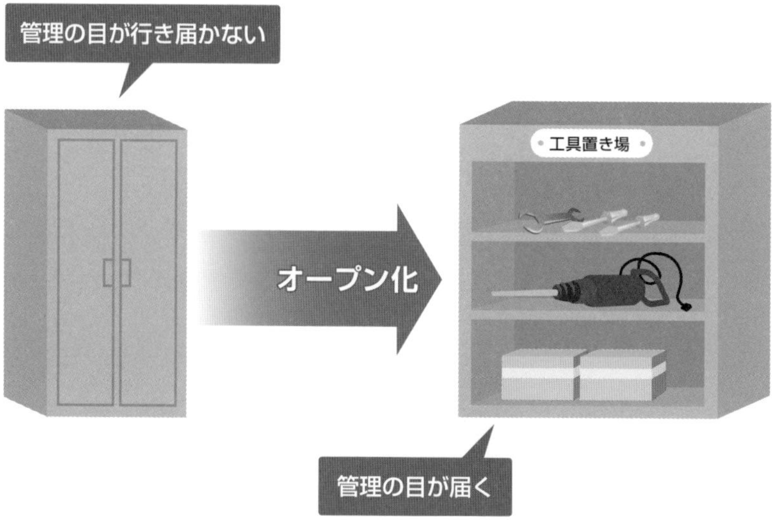

負荷が最小限で済むように、汚れや乱れが小さい状態で対処する

腐ったミカンの法則というものがあります。これはミカン箱に入れたミカンのうち1つでも腐ると周りのミカンにも波及するというものです。**破れ窓理論**も同様で空き家のガラスが1枚でも割られると他の窓も同様に割られていくというものです。

つまり、小さな異常をそのままにしておくと取り返しのつかない状態になってしまうため、ゴミが1つでも落ちていたら拾うようにして、問題の目は気づいたらすぐ摘み取ることが求められます。

負荷が最小限で済むように、汚れや乱れが小さい状態で対処する

●小さな根を気づいたらすぐ摘み取る

小さな異常をそのままに
しておくと取り返しのつかない
状態になってしまう

腐ったミカンの法則
破れ窓理論

3-19 状態・状況を誰でもひと目で分かるようにする——製造現場の清潔②

使う人が迷わないような表示を行います。

正しい状態がひと目で分かる

どのスイッチがどの機械か、どのスイッチがどの照明かなど**迷わない**ように、スイッチと照明の関係がすぐに識別できるような工夫をし、その上でスイッチがONかOFFか判断できるというような表示を行います。目的・機能・役割がその場で分かり、前後左右に法則のあるレイアウトがあれば、戸惑いはなくなります。

正常か異常かひと目で分かり、異常検知ができる

機械のメーターなどは、針の指している位置が正常値なのか異常値なのかメーターの目盛の周りにイエローゾーンやレッドゾーンを入れ、**ひと目で判断**できるようにします。また、異常値になった場合にはどのような処置をするのか明示しておけば対処行動が取り易くなります。

正常か異常かひと目で分かり、異常検知ができる

形態や色彩などで異常がわかるようにする

例えば、規則性をもって整列してモノが流れてきている状態から、いつもと違う状態が生まれると異常かなと気づけます。また、きれいな床の状態でリフトのタイヤ痕がつけば異常かなと気づきます。

このように清潔を保つことで**異常**に気づく環境を整えます。

形態や色彩などで異常が分かるようにする

●規則性のある整列状態から違う形態が生まれると異常かなと気づける

●きれいな状態をキープした中で汚れがあれば異常かなと気づける

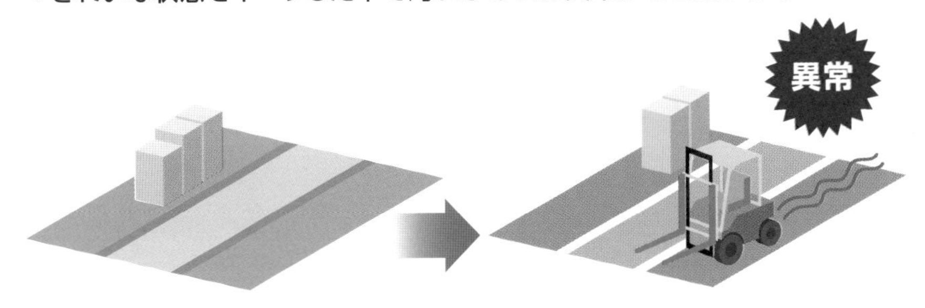

3-20 色彩管理 ——製造現場の清潔③

戸惑わないように文字ではなく色で認識させます。

色彩管理

文字での表示は間違いや戸惑いを生む要因になります。そこで、例えば信号機の赤・青・黄色のように色の工夫による**色彩管理**で、誰でも間違うことなく、戸惑うことなく作業ができるようにします。

色彩管理

●文字ではなく色による間違わない／戸惑わない工夫をする

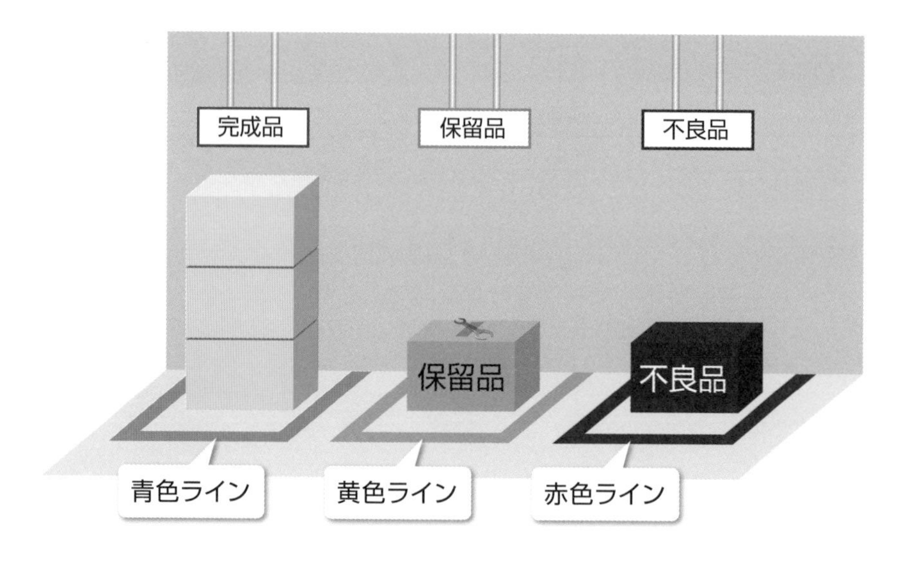

色彩基準

各工程や部署でそれぞれ違った色遣いをすると工程間移動や物流時に混乱を招くので、工場内での色のルールを**色彩基準**としてつくります。

色彩基準のつくり方は、以下の通りです。

①置き場を決める。
②色の基準を決める。
③文字や線の基準を決める。
④基準通りに現地現物に表示する。
⑤作業者に基準を守らせる。
⑥基準が守れない場合は、基準を改善していく。

色彩基準

●通路、置き場などの色を工場でルール統一する

色彩基準(置き場の例)

置き場	ライン色	線幅
素材置き場	水　色	50mm
完成品置き場	青　色	50mm
保留品置き場	黄　色	50mm
不良品置き場	赤　色	50mm
⋮	⋮	⋮

3-21 定期巡回点検とチェックリスト ——製造現場の清潔④

チェックリストを用いた定期巡回で、整理・整頓・清掃（3S）の定着を図ります。

定期巡回点検

職場により、5Sのレベルは異なってきます。よくできている職場もあれば、悪い職場もあります。そこで、定期的に工場内を巡回し、悪い職場の改善を行っていきます。そこで、少なくとも月に1回は**定期巡回点検**し、改善が必要な職場に対しフィードバックを行い、改善行動を促します。5Sだけで毎月1回巡回が難しければ、安全パトロールなどの法令で定められた工場巡回などと一緒に行います。

また、管理・監督職が巡回するだけでなく、経営トップの工場巡回も行います。トップが「やれ！やれ！」というだけで、現場にも行かない、フォローもしない、まかせっきりという状態では、モチベーションは上がりません。

チェックリスト

定期巡回の際に用いるのが**チェックリスト**（**チェックシート**）です。

チェックリストの作成は、以下のように行います。

①**区分を行う**：作業台・工具・通路・倉庫などで分類する。

②**チェック項目を挙げる**：よく乱れるものやこれを維持したいというものなどを洗い出す。

③**評価方法を決める**：例えば5段階評価で3をわざと抜かし、1・2・4・5点にし、良いか悪いかはっきりさせることで、改善行動につながるように仕向ける。

④**評価頻度を決める**：月に1回というように頻度を設定する。

⑤**チェック後の活用方法を決める**：点数をつけ評価することが目的ではなく、職場の改善行動に結びつけることが狙い。

点検結果を掲示し行動を促す

　チェックリストを用いて各職場を点検したら、その評価を皆が目にする場所に掲示することで、上位職場に対しては承認や達成感が生まれ、下位職場に対してはやらなければというモチベーションに繋がります。評価しただけで終わることなく、どうすれば行動に移るのか仕掛けを模索しながら作っていきます。

定期巡回点検とチェックリスト

● チェックしたら掲示し行動を促す。

年　　月　　日　記入者(　　　　　)

区分	チェック項目	**職場 不可　　　優
作業台	作業台、棚、床上に不要(不明)なものが置かれていないか	1・2・4・5
	モノが作業に邪魔になる通路に置かれていないか	1・2・4・5
	モノが消火栓・消火器・配電盤の前に置かれていないか	1・2・4・5
工具	すぐに使える状態になっているか	1・2・4・5
	破損・汚れはないか	1・2・4・5
	不要(不明)なものが置かれていないか	1・2・4・5
	工具類の放置がなく、工具箱が工具棚に置かれているか	1・2・4・5
器具・備品	個人使用・共有物のモノが渾然としていないか	1・2・4・5
	共有物の管理ルールが明確になっているか	1・2・4・5
	すぐに取り出せる状態になっているか	1・2・4・5
表示・標識	期限切れの掲示物が掲示されていないか	1・2・4・5
	汚れていたり、モノに隠れて見えにくくなっていないか	1・2・4・5
	実態と標識は合っているか	1・2・4・5
	通路と作業域が明確に区分・表示されているか	1・2・4・5
通路	通路は白線等で表示されているか	1・2・4・5
	通路にモノが置かれていないか	1・2・4・5
	通路は滑らず、つまずかないようになっているか	1・2・4・5
	やむを得ず通路を使用する時は必要な標識があるか	1・2・4・5
倉庫	保管・保存場所が分かりやすくなっているか	
	目で見て分かるように置かれているか	

コメント:

今月の5S診断結果掲示板

1位	2位	3位	…	最下位
○○職場 95点	○○職場 92点	○○職場 89点	…	○○職場 58点

3-22 KMK活動——製造現場の躾①

躾では、職場のルールや規律を自ら守り、また守らない者は守らせるようにします。

ルールや規律を決める（K）

まずはルールを決めます。職場ごと作業ごとなどでルールや規律を明確にします。作業者任せにせず、ルールを決めて指示します。

KMK活動の一つ目のK

● ルールや規律を明確に決める

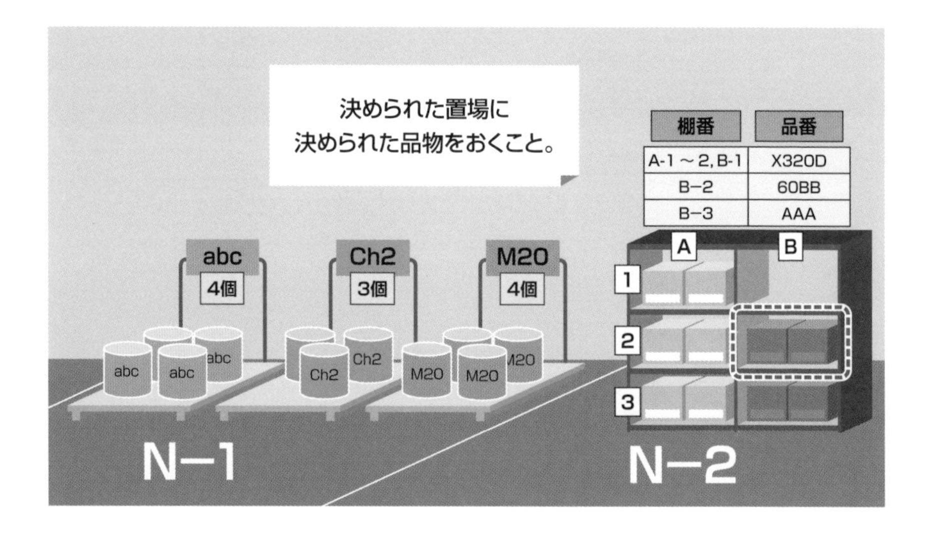

決めたルールを守らせる（M）

社内には、年齢、性別、役職、国籍などダイバーシティと呼ばれる様々な人々がいます。それぞれの価値観や思想が異なるため、ルールを教え、ルールを守らない者は叱り、守らせることで社内のモラルを高めます。

ルールを改善する（K）

守れないルールは改善する（見直す）ことです。ルールを決めて守らせますが、時代や環境変化など状況に応じてそのルールを見直し、改善することも必要です。

KMK活動の二つ目のK

●守れないルールを改善する

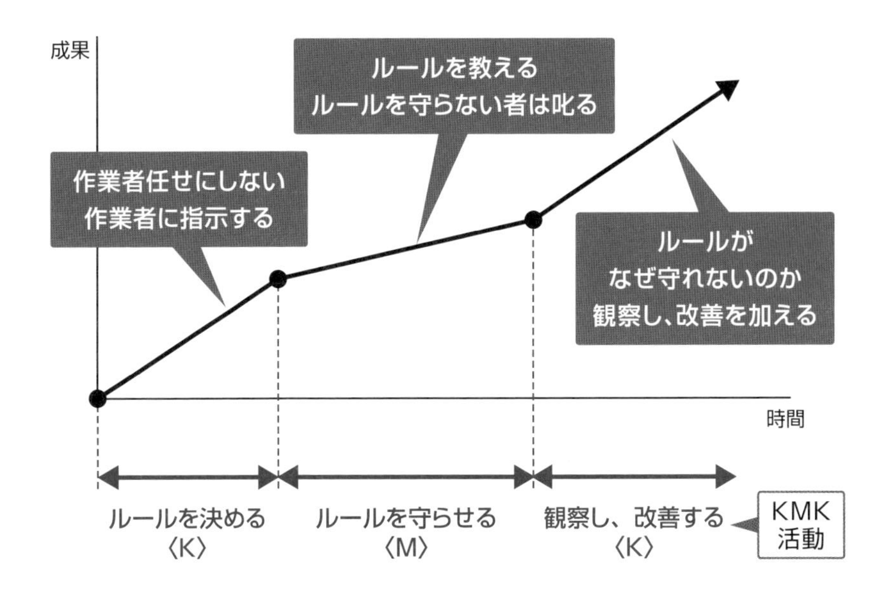

3-23 ルールの見える化と道具化 ――製造現場の躾②

ルールは、文章にしただけではなかなか守れませんので、見える化や道具化します。

ルールの見える化

ルールがあっても、「忘れてしまった、知らなかった」で済まされないように、ルールを**見える化**し、叱ることができるようにします。

例えば、高さ制限は1.2メートル以下というように、まずはルールを決めます。1.2メートル以下というルールを決めても、それが管理監督者の頭の中だけであっては作業者が守ることができません。ルールを知らされない、分からないでは、守りようがありませんので、高さ制限は1.2メートル以下という表示をつくりルールを見える化します。

ルールの見える化

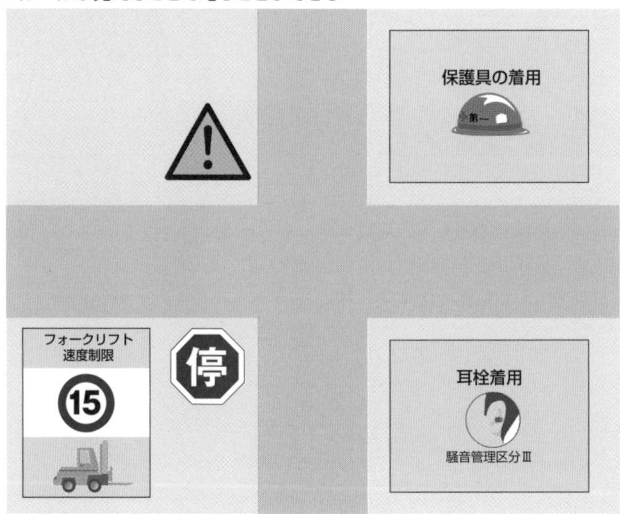

ルールの道具化

次がルールの**道具化**です。道具化とは、ルールが守れるように強制的な制約を現地現物でつくってしまうということです。例えば、高さ制限は1.2メートル以下というルールであれば、1.2メートルの高さにバーをつけてそれ以上の高さにものが置けないようにしてしまいます。他にも、工具であれば必要な数だけ置き場をつくったり、収容箱であれば半日分の置き場をつくったり、それ以上は置けない環境をつくります。

文章にされたルールだけではなかなか守れなくても、道具化されたルールであれば守らざるを得ません。モノを持ってきても、1.2メートルより高いところには必然的に置けませんので、指定置き場以外のところに置いてしまいます。するとそれが異常とすぐに管理監督者が気づきますので、何故守れないのかの原因追求と対策が容易となります。

ルールの道具化

● 強制的に守らせる工夫をする

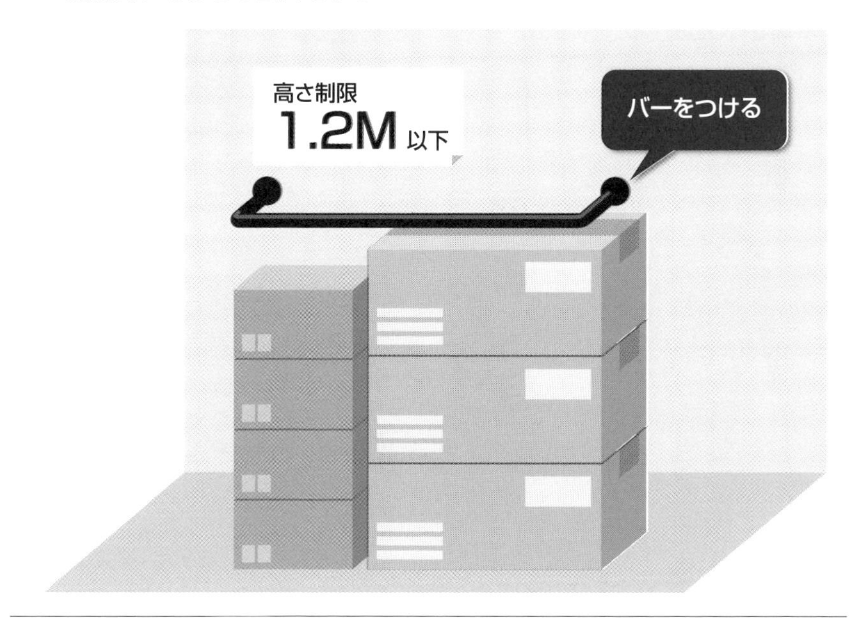

3-24 Know-Whyと責任範囲 ——製造現場の躾③

守れと指示命令するだけではその時は正しても続かないことも起こります。

Know-Whyを教える

なぜそのルールがあるのかKnow-Whyを教えます。例えば、正しい服装を決めても自分はケガしないからボタンをはずしても大丈夫だろうというルール破りも起こります。なぜボタンをしないといけないのか、しないとどのような事故やけがにつながるのか、それがどのような影響を与えるのか、と言ったルールの背景にある理由を説明しなければ、納得が得られません。相手が納得せず指示命令だけでは、なかなかルールは守れません。

Know-Whyを教える

●なぜそのルールがあるのか背景や理由を教える

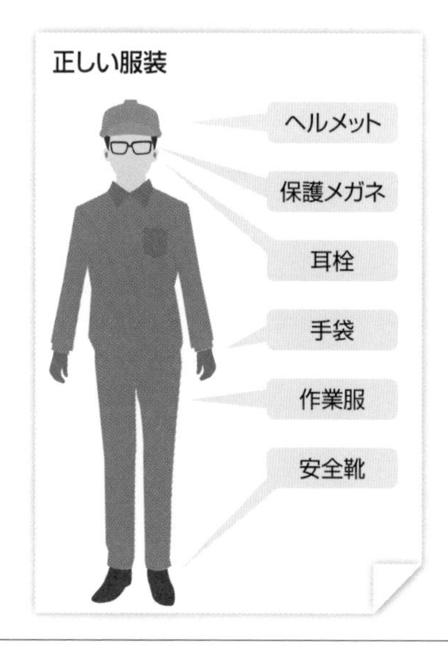

責任と権限

　工場の中には壁際であったり、ポケットエリアであったり、資材庫のような共用部分であったり、責任部署が不明なグレーゾーンがあります。そこで、誰が、どの部署がという責任者・担当部署を明確にし、権限を与えます。

責任と権限

●責任範囲を明確にし、意識させる

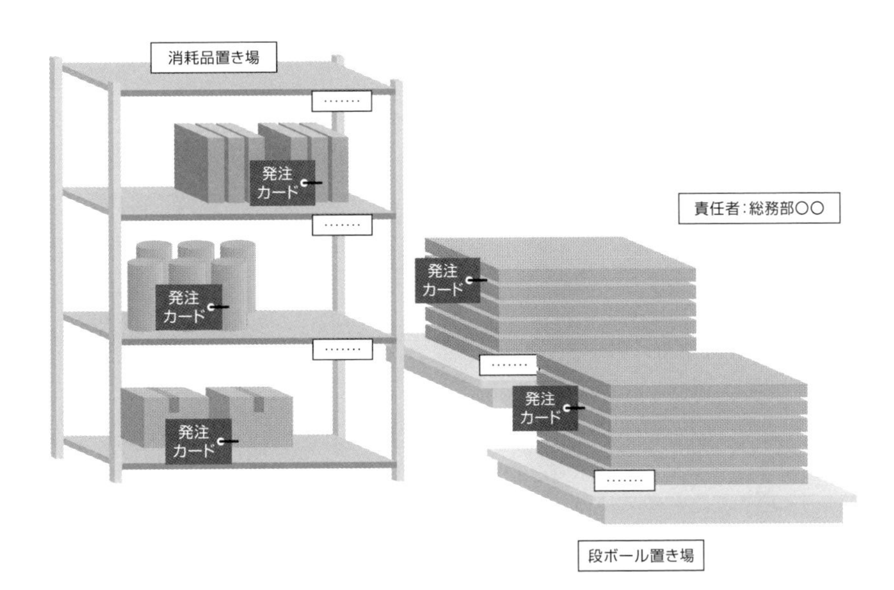

COLUMN

5Sとハインリッヒの法則

通路を確保する、床の穴を修理する、高さを制限する、モーターなどの動力源にカバーをする、標準作業を定め異常処置を定義するなどの5Sを進めれば、安全性は高まります。製造現場においてはこのような安全性確保が、まずは何より大切です。労働基準監督署が立ち入り検査に入ることにでもなれば、ラインはストップし、その指摘修正に莫大なコストがかかります。

労働災害におけるハインリッヒの法則では、1：29：300と言われるような1件の重大事故（死亡）があれば、29件の軽度の事故があり、299件のヒヤリ・ハットがその後ろに潜んでいます。つまり、5Sによりヒヤリ・ハットをなくすことで、重大事故の未然防止が可能となります。

第4章

オフィスの5S

新型コロナウィルス感染症によりオフィスの環境は様変わりしました。在宅勤務が増えオフィスには限られた人しかいないという状況も生まれました。そのような中、在宅先からオフィスの人に「あれが欲しい」「これを送って」と頼みごとをしても、属人化していて本人しかわからないオフィス環境では探せない、わからない、間違えたとなりかねません。

このような属人化されている仕事環境にメスを入れ、オフィス改善していくためのツールが“5S”です。オフィスの5Sの考え方や進め方は、基本的に製造現場の5Sと同じです。

そこで、本章では、オフィスにおけるまずは物的面（モノ）の5Sについて解説いたします。

4-1 頭の中の整理
——オフィスの整理①

整理では、要るものと要らないものに区別して要らないものを処分します。

頭の中が整理できないとモノも整理できない

職場の状態と頭の中の状態は、同じです。デスクの上や椅子の足元に山のように資料やモノを抱えて仕事をしている人を見かけます。その人にとっては、何がどこにあるのか大よそ見当はついているのかもしれませんが、いざ探すことになると時間がかかり、感染症などで出社できなくなったら、他人が仕事を代わることもできません。何故資料やモノはあふれていくのでしょうか。

例えば、新入社員が、ある1枚の資料を作成したとします。その資料の作成後のプロセス（資料作成⇒上司に確認をもらう⇒何かの手続きが取られる⇒承認印をもらう⇒資料がファイルされる⇒共有キャビネットに移される……）が分からなければ、資料はその場に止まってしまって溜まっていきます。しかしながら、頭の中で仕事のプロセスの全体像をつかみ、今作成した資料は次にどのように処理しファイルしていくかが分かれば、机の上や足元の資料やモノは片付いていきます。つまり、頭の中が整理できれば、モノも整理できます。

整理でマネジメントの訓練

要る／要らないという判断を的確にし、仕事を処理していく整理は、マネジメントそのものです。マネジメントできない人は、決断が鈍かったり、意思決定をなかなか下せなかったりします。過去を断ち切り、不要なものを思い切って棄てることが、**マネジメントの訓練**となります。

整理の進め方

整理の基本的な考え方・進め方は、製造現場と同じです。また、ツール類の多くも同様に使えます。進め方は、

①整理と整頓は分けて、まずは整理を徹底的に行う。
②すぐにやる。
③毎日やる。
④ルール通りにやる。
⑤機密文書は溶解・裁断する。
⑥情報機器の記憶媒体の消去も完全に行う。

となり、製造現場の整理のページでご紹介した「赤札／黄札／5Sカード」、「Before/After 5S改善シート」、「不要品たなざらし／迷い箱」、「整理基準」などのツールはオフィスの整理でも活用できますので、ご参照下さい。

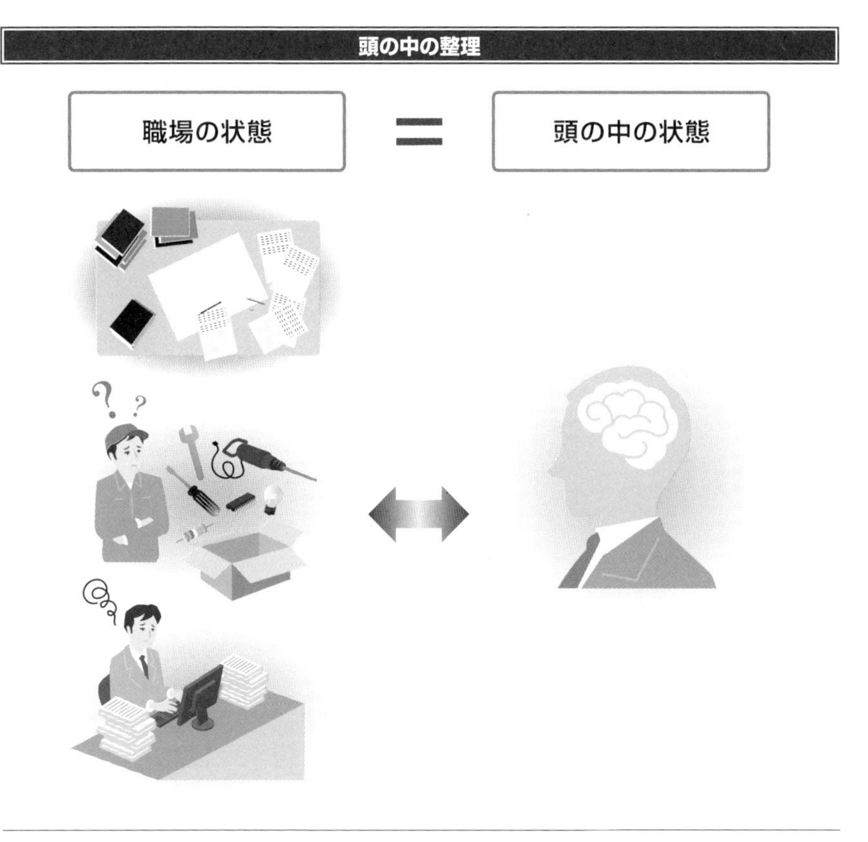

4-2 属人化の排除 ——オフィスの整理②

整理で属人化を排除する。

個人管理のまずさ

個人の仕事の管理のまずさが残業を生み、その一例が個人の**デスク周り**に現れます。管理が苦手な人は、伝票を紛失したり、書類を探せなかったり、モノをなくしたり、書類を取り違えたりします。これが探すという**ロス時間**や、なくしてやり直す、取り違えて手直しするなどの**ロス作業**を生みます。

しかしながら、それらは**属人化**されているので個人の中だけで処理されてしまって、表に出ることはありません。このようなロスをムダと認識させ、個人のデスク周りから改善していくことが、まずは入口となります。

個人所有・個人管理からの脱却

デスク周りが乱雑な人は、「自分では何がどこに分かっているからこれでよい」、「これは自分の所有物なので人にとやかく言われたくない」、「他人に迷惑をかけているわけではないので良いだろう」など「個人所有・個人管理で何が悪いのだ」という理屈です。

しかしながら、**個人所有・個人管理**では、他の人では対応ができなくなったり、個人の知的財産が個人の中だけに埋もれてしまったり、機密情報を紛失しても気づかなかったりする恐れもあります。

デスク周りの改善は、このような**属人化の権化**である個人所有・個人管理をなくすための第1歩でもあります。

個人管理のまずさ

●デスク周りに現れる

COLUMN 変化は機会

P.F.ドラッカーは、「変化への抵抗の底にあるものは無知である。未知への不安である。しかし、変化は機会と見なすべきである。変化を機会としてとらえたとき、初めて不安は消える」という言葉を残しました。このような変化を起こすきっかけづくりが、5Sです。

4-3
まずは身の回りから
――オフィスの整理③

まずは自分だけで判断できる身の回りから整理します。

各個人のデスク周りの整理

整理では、要るものと要らないものの区別を各個人が容易にできるデスク周りから進めます。

そのやり方には、次の2つがあります。

- **要らないものピックアップ方式**：引き出しを開けて、要らないものを探して取り出す。
- **要るものピックアップ方式**：引き出しを開けて中身を一旦全て机上に出し、要るものだけを探してしまう。

どちらがよりたくさん捨てることができるかというと、後者の**要るもの**ピックアップ方式です。そもそも要ると思って机の中に収納していますので、その中から要らないものを探せと言われてもなかなか出てきません。面倒ですが一旦全部出し、その中から例えばこの半年間に一度も使っていないものは要らないものとし、本当に要るものだけ探せば、結構要らないものが出てきます。原則は、**迷ったら捨てる**ことです。

不要なものがあるから間違える

例えば、本日の発注処理が3件のところ、5件分の伝票を机上にもってこれば、余分の2件分から混入の間違い、紛失の探索、戸惑いなどが生まれやすくなります。これがやり直し・手直し処理を生む**ミスの元凶**となっていきますので、今の作業に必要なもののみ机上に置くようにします。

また、今の作業以外の案件のものが机上にあって仕事をする場合、つい気がそちらに行き作業の中断が起きます。このような別の案件に気が行き今の案件に気が戻ってきた時の思い出すまでの時間を**復帰ロス**と呼びます。その際、名前が同じような今の案件と別の案件を取り違えたり、あて先を間違ってメールしてしまったりするミスを引き起こしやすくなると同時に、復帰した後、どこまでやったか考えたり、戸惑ったりするロスが発生します。

以上から机上には今必要なモノだけにする、不要なものを置かないことで**仕事に集中**できる環境をつくり、ミスやロスをなくし、**仕事の質**や**生産性**を高めることにつなげます。

作業中断がミスを生む

●復帰ロスをなくす

今の作業に集中する環境をつくる

4-4 共有物の整理 ——オフィスの整理④

製造現場と同様にルールをつくります。

共有物の整理

書架・キャビネット内などの共有物は、デスク周りの整理と同様に**要るもの**ピックアップ方式で進めます。書架・キャビネットを整理することで、個人のデスク周りに収納しきれなかったものを移し替えるスペースの確保ができますようになります。

書架・キャビネットや書庫・書類倉庫は、乱雑になった原因があるはずです。そこをつぶさない限り同様にすぐ後戻りしてしまうので**原因**を探求します。例えば、

- 責任者（部署）が決まっていなかった。
- 保存期限が明確でなかった。
- 棚割りなどのルールがなかった。
- 表示がなく誰のものかわからなかった。
- 所有者不明で要る／要らないという判断ができなかった。
- 自分のもの以外には無関心でほったらかしにされていた。

など原因を明確にし、その対策をとります。

捨てられない原因をつぶす

「机上ゼロ・足元収容ゼロ」をスローガンに活動していくと、どうしてもデスクの引き出し内だけでは収納しきれない人も出てきます。このような時、書架やキャビネット同様に個人デスクでも、なぜ収納しきれないのか原因を探求します。例えば、

・またいつか使うかもしれないということで捨てる決断ができない。
・捨ててよいと判断する責任者がいない。
・共有書庫に行っても過去の履歴資料がそろっていないので持っていたい。
・捨ててよいという保存期間が不明なものが多い。

などが上がってきますので、単に「片付けろ！ゼロにしろ！」などと一方的に押し付けるのではなく、原因に焦点を当て、例えば、捨ててよいという保存期間が不明なものが多いということに対しては、**捨てるためのルール**（整理基準や文書廃棄の原則）などをつくり、その原因に対する処置を行います。

捨てるためのルールづくり

●整理基準

NO.	区分	名称（複数可）	情報の有効期間	処理区分	処理判定者	廃棄承認者	廃棄までの保管期間
1	商材	パンフレット、説明書	最新利用中、保守期間中、保守期間後1年	職場で使用、キャビネット管理期間満了後廃棄	担当者、リーダー、課長	課長	1ヶ月
2	営業	提案書、見積書、打ち合わせ議事録	営業中、契約中、契約終了後5年	担当ファイル管理、共用ファイル管理、一定保管後廃棄	担当者、リーダー、課長	課長	5年
3	契約	契約書、覚書、依頼書受託書	営業中、締結途中、契約中、法規制保管期間中	職場で使用、キャビネット保管期間満了後廃棄	リーダー、課長、部長	部長	10年
4	経理	請求書、納品書、領収書、振替伝票	1ヶ月（処理中）、1年（会計年度中）、法規制保管期間中	職場で使用、キャビネット保管期間満了後廃棄	担当者課長部長	部長	10年

NO.	区分	名称（複数可）	使用頻度	処理区分	処理判定者	廃棄承認者	廃棄までの保管期間
1	消耗文具	ホッチキスの替針、ペン、消しゴム	1回以上／週、1回以下／月、1回以下／年	自席で使用、共用棚管理、一時保管後廃棄	担当者、担当者、リーダー	リーダー	1ヶ月
2	機器用消耗品	トナー、用紙、ドラム、インクリボン	1回超／週1回以下／月1回以下／年	機器横に保管、共用棚管理、一時保管後廃棄	担当者、リーダー、課長	課長	6ヶ月
3	リサイクル	ミスコピー紙、裏紙、ファイル台紙、ファスナー	1回以上／週1回以下／月、1回以下／年	自席で使用、指定置き場保管、一時保管後廃棄	担当者、担当者、リーダー	課長	即日
4	規定・手順帳票	処理手順書、操作ガイド、	1回以上／週、1回以下、週、1回以下／年	自席で使用、共用棚管理、書庫・倉庫保管	担当者、課長、部長	部長	1年

4-5
文房具の整理
——オフィスの整理⑤

引き出しの中の書類以外のものも個人所有・個人管理を排除します。

袖引き出しの整理

引き出しの中には、書類以外の様々なものがあると思います。例えば文房具では、ペン、メモ用紙、ポストイット、定規、はさみ、カッターナイフ、ホチキス、セロテープ、消しゴムなどです。中でもペンは10数本入っていたり、書けないものまで混ざっていたりします。

そこで、原則**1個保管**にし、2個以上重複所有している不要なものを処分します。書けないペンは廃棄するとして、まだ書けるペンを廃棄するのはもったいないので、共有の**余剰文房具入れ**を整備して回収していきます。そうすることで消耗品の**コスト削減**にもなっていきます。

また、私物も結構あり、お菓子や小物類まで様々なものが乱雑になっていないでしょうか。このような私物は、個人ロッカーやカバンに入れるようにし引き出しの中をできるだけ少なくしていきます。

個人所有デスクの排除

書類や文房具類が整理されると個人の袖引き出しは、かなりすっきりしてくるはずです。そこから次のステップは、個人デスクの廃棄です。ステータスの一つになっている脇机や大型肘付き椅子をなくし、大企業病の基となる**権威主義**を排除します。共有の大テーブルにし、誰がどこに座るか決めず**フリーアドレス方式**にします。こうすることで部署の垣根を越境する環境をつくり、**ナレッジワーク**（**知的創造**）をはかります。

フリーアドレス方式のメリットは、

- ・組織の壁の排除
- ・コミュニケーションの活性化
- ・机上に広げて仕事をしたい時に拡大使用ができる
- ・電話、配線、レイアウト変更などのコストが安くなる
- ・普段外出の多い人に一人1本のデスクは要らずコスト削減や省スペースにつながる

一方、デメリットは、

- ・役職が上がれば机や椅子が大きくなるという権威失墜
- ・フリーと言っても毎回座る席が固定されがちになる
- ・役員のような上位者が近くに座ると気を遣う
- ・集中しにくい、落ち着かない、居場所がわからないことも起こる

などです。

このようなフリーアドレス方式は、各自の書類や文房具類がすっきりしてから行うのか（後取り型）、整理が進まないのでいきなり強制的やってしまって結果的に机上ゼロにもっていくのか（先取り型）、どちらのやり方もあります。

フリーアドレス方式

4-6
資材の整理
——オフィスの整理⑥

資材庫には、営業サンプル、販促物、梱包資材、災害用品などが保管されているにもかかわらず、管理の目が届かず、ゴチャゴチャになりがちです。

資材庫の整理

書架・キャビネットや書庫・書類倉庫と同様に、資材庫も要るものピックアップ方式で整理します。ほこりをかぶって眠っているものやゴミのようなものまで出てきますので、赤札や不要品たなざらしなどのツールを活用しながら、まずは不要品を廃棄します。

不要品の廃棄が終わり残ったものを見ると意外と種類の多いことに気づくことがあります。例えば、梱包資材では段ボールのサイズが幾種類もあり、ほとんど今では使われていないサイズのものまで出てきます。このようなものをまた使うかもしれないということで取っておくと、いつまでたっても整理は進みませんので、思い切って捨てます。

その場で判断できなければ、使用頻度で**ABC分析**し、使用頻度の高いものはAランク（例えば12品目中3品目)、中程度はBランク（例えば12品目中次の3品目)、低いものはCランク（例えば12品目中残りの6品目）というように分け、Cランクに属するものは**廃棄**します。数値で示すことにより判断基準が明確になり、廃棄が容易になります。

次に考えるのが、**共用化**です。先の段ボールで言えば、Bランクに属するものがAランクのものと共用できないか。大は小を兼ねることで少し大きな段ボールにし緩衝材で補強すれば間に合うということになれば、2種類が1種類に**集約**されます。

このように共用化して種類が減れば、Aランクのみ**管理**すればよくなり、在庫管理も楽になります。

在庫金額を削減する

先の段ボールの例で言えば、Cランクに属した6品目が廃棄されれば、その分在庫金額は削減されます。更に、Bランクの3品目が共用化されれば、またその分在庫金額が削減されます。残ったAランクの3品目だけ管理の目を厳しくしていけば、在庫金額半減も難しくありません。

ABC分析

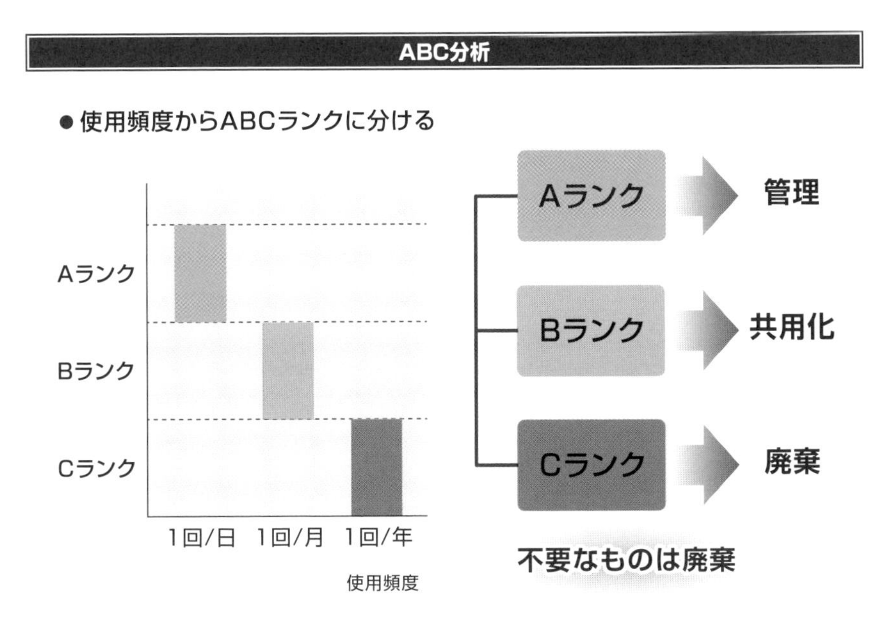

4-7 廃棄だけでなく保管も ——オフィスの整理⑦

整理における不要なものの処分には、廃棄と保管があります。

廃棄できないものは遠ざけて保管する

個人のデスク周りには、今要るものだけにし、今要らないものは遠ざけて保管します。遠ざける場所は、まずは近くの書架·キャビネットであり、更に遠くの書庫·書類倉庫（地下や場所が離れた倉庫など）となります。

しかしながら、書架・キャビネットも一杯の状態であれば移せないので、その整理をします。

今要らないものは遠ざけて保管する

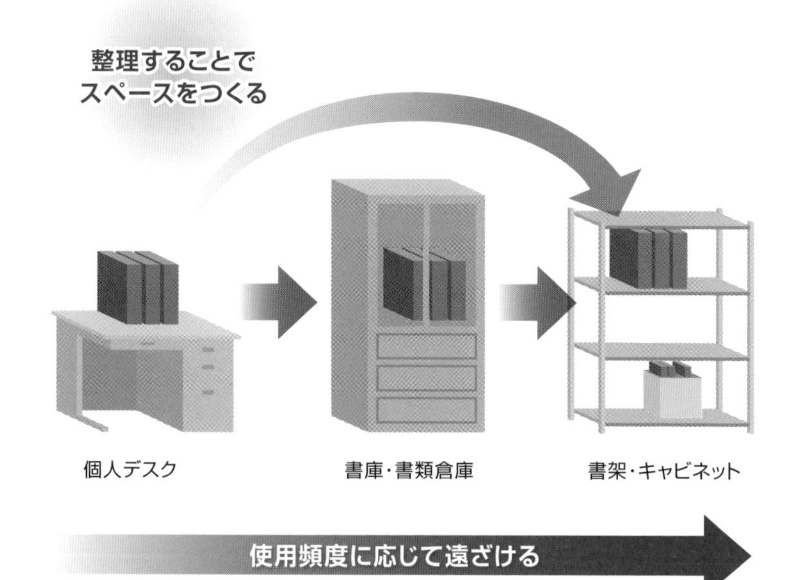

結果を定量化する

整理が一段落したら、結果を定量化します。

例えば、

・**fm（ファイルメータ）**：現状キャビネット横幅90センチ×5段の0.9×5＝4.5fmの書類が3段空っぽになったので、0.9×3＝2.7fmの削減。

・**廃棄量**：段ボール50箱、2パレット、1トンなどの削減。

・**空地面積**：デスクを廃棄したので活スペース1.5m^2獲得。

というような物差しになります。

このように結果を**数値**で表すことで、モチベーションアップにつなげます。

結果を定量化する

fm(ファイルメータ)

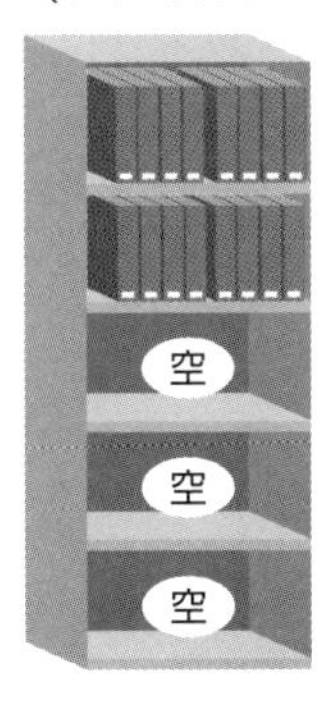

0.9m×3段
=2.7fm
(ファイルメータ)
の削減

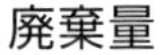

段ボール50箱
2パレット
1トン
などの削減

机2本撤去
=活スペース
1.5㎡

空地面積

4-8
モノの整理から整頓へ
——オフィスの整頓①

整頓では、使いやすくムダな動作をさせないような置き場・置き方・表示など追求します。

整頓の進め方

整頓は、ステップバイステップで整理が終わった後で進めます。整頓の基本的な考え方·進め方は、製造現場と同じです。また、「3定」、「ロケーション表示」、「IE」、「整頓基準」などのツール類も同様に使えます。

引き出しの整頓

まずはデスク周りの整頓から進めます。整頓の進め方は、製造現場と同様に**3定**で行います。

その進め方は、以下の通りです。

①**定置**：置き場を決める

例えば、袖机の上段は文房具（ペン、はさみ、ホチキスなど）、中断は小物（名刺入れ、印鑑、OA機器、眼鏡など）、下段は書類（バインダー、ファイルなど）、センター引き出しは仕掛仕事（帰宅時にここにまとめて入れ翌朝出す）というようにロケーションを決める。

②**定品**：品物を決める

文房具類は、使用後も戻せるように姿絵で**形跡（定跡）整頓**する。引き出しの中の置き場はよく使うものほど手前に置けば引き出しを半分開けただけで取り出すことができるので、使用頻度を考慮して決める。ペンなどの置き方も持ち方・運び方・作業の手順・方法に合った作業性の良い置き方をして表示する。

また、下段の袖引き出しに入れる書類は、ファイルボックス（大分類）⇒V字フォルダー（中分類）⇒クリアファイル（小分類）⇒書類というように階層に分け**立**

てた状態で収容する。

③**定量（定数）**：数量を決める

原則デスクの中は**1個保管**にし、使用頻度の少ないものを共有保管する。それぞれを1個だけにすれば。スペースが最小で収まるし、無くなったら補給することで**最新性の維持**がはかられる。

引き出しの整頓

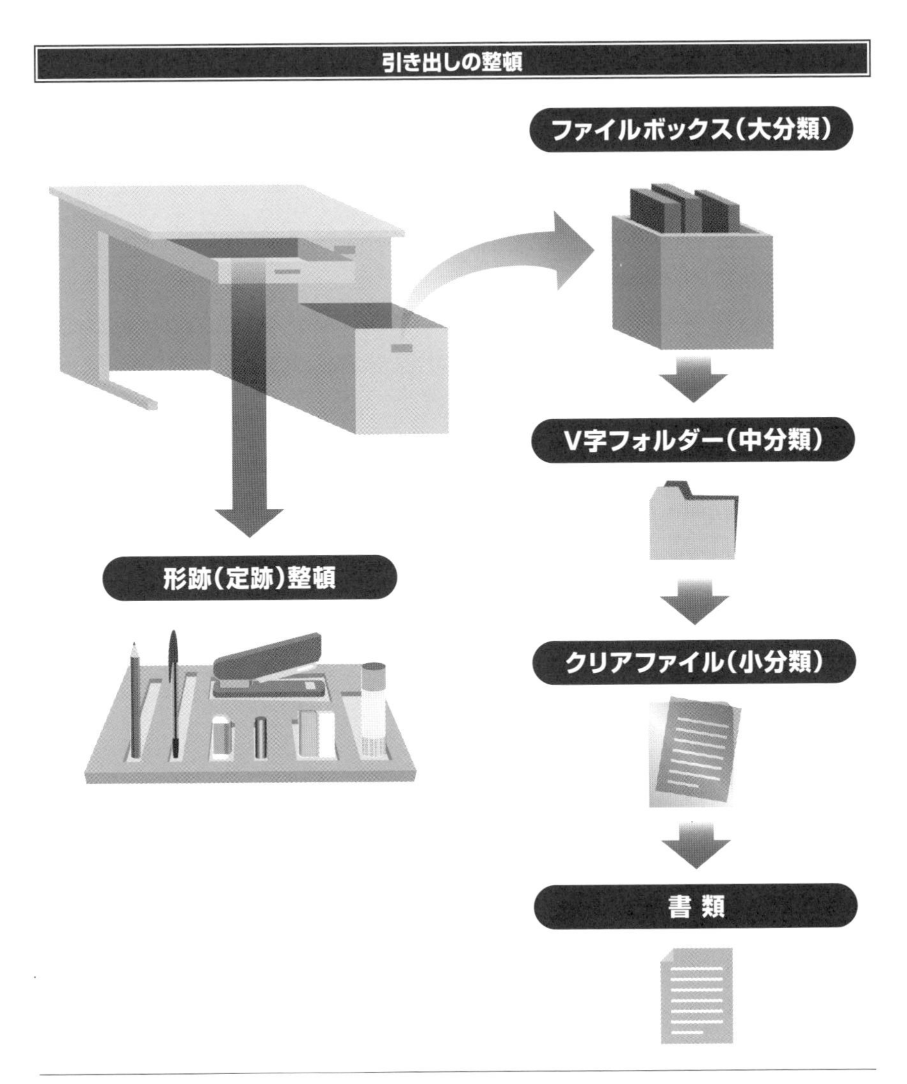

4-9 机上の整頓 ——オフィスの整頓②

就業中、就業後のデスクを整頓します。

就業中の整頓

職務中は、机上が物置ではないので、余分なものは置かないようにします。集中する環境をつくることが大切です。集中して1件1仕事ずつ正しく早く（質と生産性を高めて）完了させていきます。そのためには、机上の置き場にも自分なりのやりやすいロケーションを決めます。

IE（Industrial Engineering）**的視点**に立って、**動作経済の基本原則**を考慮した整頓を行います。

- **動作の数を減らす**：電話はゼロアクションで、引き出しの文房具はワンアクション（引き出しを引き出す動作のみ）で取るなどムダな動作を排除する。
- **動作を同時に行う**：左手に伝票、右手に電卓など両手が自由に動作できるようにする。
- **動作の距離を短くする**：電話は左手側に、ペンは右手側になどストライクゾーン（最適作業域）にモノを置く。
- **動作を楽にする**：無理な姿勢で作業せず、判断などの心的努力を最小限にとどめる。

などでムダな動作を徹底排除します。

就業後の整頓

退社時は、**机上ゼロ**にします。机上ゼロの狙いは、翌朝出社時に**異常**に気づくことができることです。退社後、電話があったり、伝票や依頼書があったりしても翌朝一番にそれに目が行きすぐに処置することができます。在宅勤務で長期間離席する際の**情報セキュリティ**の面から書類の紛失・盗難・漏洩などもなくなります。また、**忘れる環境**をつくることも大切です。机上に何かやり残して帰宅するとそれを思い出したり、気になったりします。**働き方改革**で、**ワークライフバランス**が叫ばれるように帰宅したら仕事のことを忘れることで、プライベート面の充実をはかることができます。

退社時机上ゼロ

● 退社時机上ゼロで忘れる環境をつくる

4-10 共有庫の整頓 ——オフィスの整頓③

個人のデスク周りの属人化排除から共有庫の整頓による情報共有化をはかります。

整頓されていないと仕事を邪魔される

個人のデスクであれば、何がどこにあるのか本人が把握しています。しかしながら、書架・キャビネットでは、どこに何があるかわからなくなります。昨日入ってきた新人や不慣れな人は探したり、戸惑ったりというロスを生みます。また経験値が高く慣れている人は、わからない人から「○○はどこにありますか？」と聞かれ、その都度自分の作業が中断されます。このような**中断作業**は、ミスを起こし生産性を損なう原因になります。

ですから、昨日入ってきた人や在宅勤務者に依頼された人でも迷わず、すぐに取り出すことができ、誰でもわかるようにします。そのためには**表示**が大切です。

共有庫の整頓

個人のデスクにある書類を捨てられない原因の一つに共有書類の管理ができていなくて、探しに行ってもそこに無い。だから手元に持っていたいということがあります。共有書類が正しく整頓されていれば、個人の書類保管が減り、**情報共有**の入口ともなります。

書架・キャビネットの整頓の仕方は、個人のデスク同様定置・定品・定量の**3定**で、以下のように進めます。

①**定置**：使用頻度の高いものは近くのキャビネットに置く、キャビネットの中の棚では使用頻度の高いものをストライクゾーン（最適作業域）に置く、重たいものは下に置く、高い位置に壊れやすいものなどを置かない、などのようにする。

②**定品**：表示を徹底し取り出したら元の位置に戻せるようにする。

・**色彩管理方式**：色による識別表示。例えば、書庫番号とファイルを同じ色にする。

・**図書館方式**：原則として、上から下へ、左から右へと順番に番号をふる。書庫番号とファイルボックス番号を一致させる表示をし、例えば、書庫番号A17のファイルボックスに「A17-2①」と表示すれば、A17書庫の上から2段目の左から①となり紛失防止にもつながる。

・**留守番役カード方式**：棚板の上側にバインダータイトルを書き写した短冊を吊り下げて置く。バインダーが入っていればバインダーに押し上げられて見えないが、バインダーを取り出せば短冊が下りてきて何が持ち出されたか分かる。

・**斜線方式**：ファイルボックスやバインダーの背表紙に斜線を引き、順序の狂いや歯抜けをひと目で分かるようにする。

・**内容物表示方式**：扉にどこに何が入っているか表示する。

注意する点は、表示変更が簡単でなければ書類やファイルは増減が伴うことにより乱れのもとになるので、マグネットを用いるなどして、メンテナンスを容易にできるようにする。

③**定量（定数）**：原則ファイルは立てて保管し、ファイル名が正面から読み取れるようにする。量が増えてくると上の隙間に横向きで無理やり突っ込むことが出てくるが、棚一列に収まるように定量化する。

4-11 書庫・書類倉庫の整頓
――オフィスの整頓④

書架・キャビネットと同様にその先の書庫・書類倉庫の整頓を行います。

保存期間

書類には、会社法、労働基準法、雇用保険法、商法、法人税法などの法律で定められた**法定保存期間**があります。目安として、総務・人事関連2～3年、経理関連7年です。起算日は、書類により異なり、作成日、満期日、製品引渡日などとなります。保存期限を守らなかった場合、例えば税務調査があった際、証拠書類が不十分として税金の追加課税を受ける可能性が出てきます。

また、このような法定保存文書以外は、**社内規定**で保存期限を決め、廃棄ルールをつくることも肝要です。

法定保存期間の一例は、下記のとおりです。

法定保存期間

部門	文書（例）	保存期間	起算日（例）
総務	定款、株主名簿、登記·訴訟関係書類、社規·社則に関する文書	永久	
	株主総会議事録、取締役会議事録、満期契約書、製品取引記録	10年	作成日、満期日、製品引渡日
	契約期限のある覚書	5年	満期期限終了日書類により異なり
	官公署関係の認可·出願、業務日報、消耗品購入品書類、契約書	3年	出願日、記録日、作成日、
	日誌、送受信文書、通知書類、調査書類	1年	作成日、受発信日
経理	決算書類、中長期予算·年次予算関係文書、固定資産関係文書	永久	
	計算書類、会計帳簿、財務関係書類、月次·年次決算書類	10年	帳簿閉鎖時
	仕訳帳などの帳簿、預金通帳などの現金取引証憑書類、請求書·契約書·見積書などの取引証憑書類	7年	帳簿閉鎖日および書類作成日·受領日の属する事業年度終了日の翌日から2か月を経過した日
人事	従業員の労務·人事·給与·社会保険関係書類、労働協約書類	永久	
	労働者に関する作業概要定期記録、特定化学物質等健康診断個人表	30年	常時使用することとなった日
	従業員身元保証書、誓約書	5年	作成日
	労働者名簿、賃金台帳、雇用·解雇·退職書類、労働保険関係書類	3年	最終記入日、死亡·退職·解雇日、完結日
	雇用保険関係書類、健康保険関係書類	2年	完結日
	休暇届、欠勤願、休暇使用記録票	1年	受理日

書庫・書類倉庫の整頓

共有エリアは、責任者がはっきりしないことが多いので、棚ごとなどに**責任者**を明確にし、表示します。

廃棄単位で廃棄予定年月が同じものを段ボール（文書保存箱）に入れ、ラベルで、部署、内容物、文書年度、保存期間、廃棄年月、管理番号などを表示します。書庫には、同じ廃棄年月単位でまとめ、期限が来たら廃棄していきます。

書庫・書類倉庫の整頓

- 共有エリアでの責任者を明確にする。
- 保存期限ごとに段ボール（文書保存箱）で保存し、期限が来たら廃棄する。

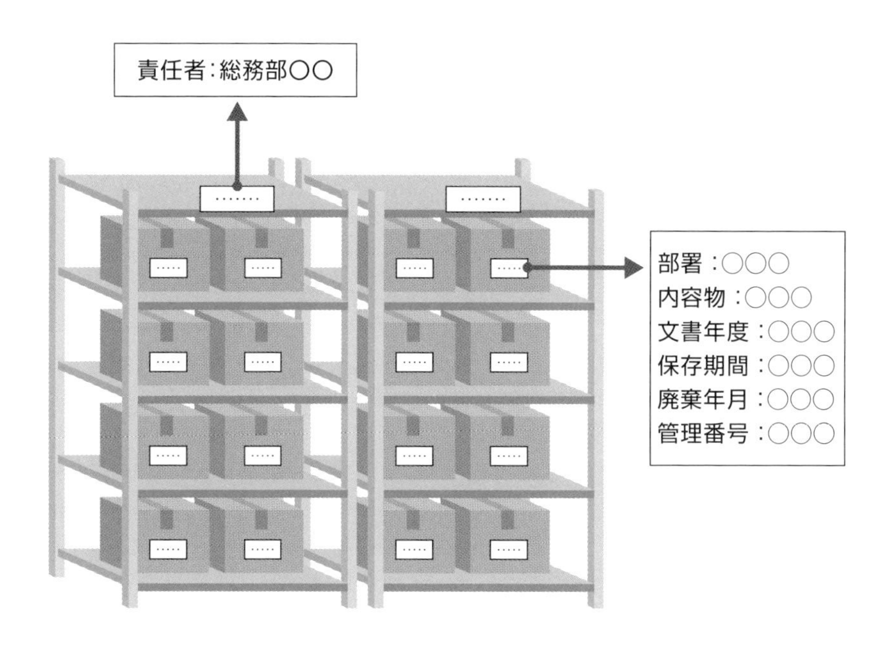

4-12 流れをつくる
——オフィスの整頓⑤

使用頻度に応じた書類の流れをつくります。

流れをつくる

「デスク⇒書架・キャビネット⇒書庫・書類倉庫」へと遠ざけていくという「発生⇒活用⇒保管⇒保存⇒廃棄」の流れをつくります。

書類が**発生**したら、日常的に**活用**・使用する文書としてデスクの引き出し内に**保管**します。いつでも取り出せる使いやすい場所に置き、いつまでデスクに保管するのか**保管ルール**を決めます。

アメリカのナレムコ（国際記録管理協議会）の統計によれば、事務員が参照する書類は、過去半年以内に作成された書類が90%で、1年以上前に作成された書類は1%以下と言われています。つまり、半年経過した書類はほとんど見られないということになりますので、例えば作成後半年経過したものはデスクでの保管を改めます。

保管ルールに従い使用頻度が下がったデスクでの保管書類は分類し、近くの書架・キャビネットに**移し替え**ます。同じ年度のものは同じ棚に置くというようにし、まとまり単位で保管します。

更に、書架・キャビネットで保管していて使用頻度が下がってくれば、書庫・書類倉庫にバインダーやファイルボックスなどの形態から段ボールに**置き換え**ます。ここでも、例えば「作成後2年経過したものは置き換える」というように保管ルールを決めます。

置き換えられた段ボールは、**保存**し決められた保存期間に沿って**廃棄**していきます。廃棄の際、機密書類はシュレッダーで裁断し、量が多ければ業者に依頼し溶解処理します。

このように使用頻度に応じて、

- **発生**：書類を作成すること。
- **活用**：作成した書類を使用活用すること。
- **保管**：品物などを預かって壊れたりなくしたりしないように管理すること。
- **保存**：そのままの状態でとっておくこと。
- **廃棄**：裁断・溶解処分すること。

という流れをつくります。

流れをつくる

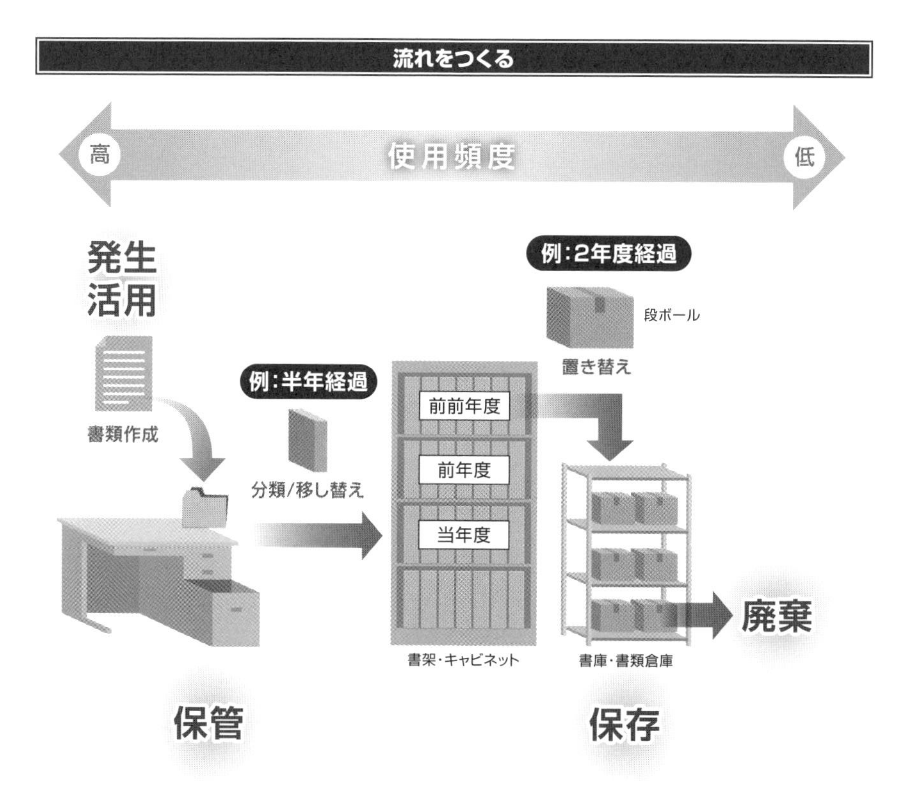

保管：品物などを預かって壊れたりなくしたりしないように管理すること。
保存：そのままの状態でとっておくこと。

4-13 共有品の整頓 ——オフィスの整頓⑥

共有する文房具などを整頓します。

文房具の整頓

共有品もデスクの引き出しやキャビネットと同様に**3定**で、以下のように整頓します。

①定置：各人のデスクから歩く距離を考慮しながら使用頻度や使い方・作業手順に応じて文房具などの置き場を決める。

ストライクゾーン（最適作業域）で仕事ができるような置き場にし、表示を徹底する。表示が無ければ、無造作に何かを置いてしまい乱れの基となるので、全てに表示を施す。

②定品：グループ単位で、はさみ、カッター、のり、パンチ、ホチキス、テープ、などを各1個ずつ、フロアー単位で、コピー、シュレッダー、裁断機、大型ホチキス、など各1台（個）ずつというように、**ワンベスト**を基本に決められた置き場に決められた品物を配置し、それぞれに表示を徹底する。

図書館の本棚のように本棚の番号と本自体の番号が合うように品物自体にも表示を徹底することで、戻すことが容易になる。逆に言えば、共有品は表示が徹底されないと、どこに戻してよいかわからず、乱れていく原因になる。

③定量（定数）：最大と最小の数量を決める。最大在庫量は、3つまで置いてよいという上限であり、最小在庫量は、いくつになったら発注するというような下限となる。

例えば、鉛筆であれば、最小在庫量の残り3本になったら**発注カード**が外れ購買に回るようにし、最大在庫量として発注単位を1ダース（12本）にしそれ以上は置かないようにする。

資材庫の整頓

資材庫にある営業サンプル、販促物、梱包資材、災害用品なども同様に**3定**で整頓します。定置で置き場を決め、定品では表示を徹底し、定量では最大・最小（発注点）を決め表示します。このようにすることで在庫管理が行き届きます。必要なモノが必要な時に必要な量だけないという**欠品**や、単価が安くて買ったのはよいけれど余って使われないものや場所が分散してダブリ発注してしまったものなどの**過剰在庫**がなくなります。

文房具の整頓

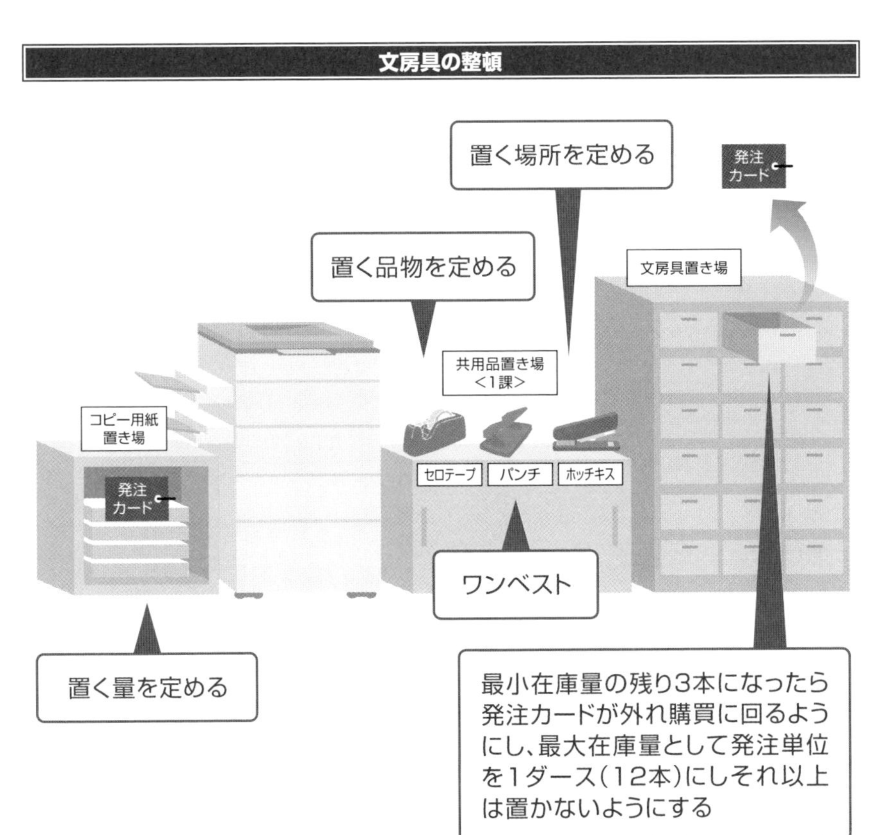

4-14 属人化の排除 ——オフィスの整頓⑦

表示を徹底し属人化を排除することで誰でもわかるようになります。

仕事の状態の表示

仕事には、計画、手配、統制があります。

計画では、

- **日程計画**：個々の作業予定、準備時期の計画
- **手順計画**：作業の順序や方法、作業時間、使用設備の決定
- **工数計画**：必要な人員、設備の算定
- **設備計画**：PCやインフラの調達・整備

手配では、

- **人員手配**：人員の配置、補充方法
- **外注手配**：外注する量や派遣・パートの手配
- **資材手配**：作業に必要な備品などの手配

統制では、

- **進度管理**：納期を守るために作業の進行状況の統制
- **現品管理**：入力するための帳票類などの所在と数量の統制
- **余力管理**：負荷と能力の調整
- **手順管理**：手順計画に基づいた作業の指導
- **資料管理**：成果物やデータの管理

などを行いますが、属人化されていると今どのようになっているのか状態がわかりません。

そこで、トレーやファイルボックスを用いて表示を徹底し、仕事の状態を、誰でもわかるようにします。

整頓のルールづくり

ある部署だけで基準をつくると他部署と異なる色使いや収容方法が生まれます。ルールの原則は1基準です。**整頓基準**をつくり、ルールを統一させます。

整頓基準は、

①身の回りにあるモノを洗い出す。
②それらを区分し、名称欄に記入する。
③それらの情報のライフサイクルで区分けする。
④それぞれに形態、保管方法、表示方法、表示内容、表示色を設定する。

というようにして作成します。

整頓のルールづくり

整頓基準

NO.	区分	名称(複数可)	情報のライフサイクル	形態	保管方法(保管場所)	表示方法	表示内容	表示色
1	売掛管理	注文書、請求書、納品書	当月分	受付箱	受付担当横引き出し	引き出しラベル	資料名	赤
			売掛処理後～期末	種別ファイル	キャビネット(部署共用)	背ラベル	資料名+年度	赤
			期末処理後1年以内	種別ファイル	キャビネット(3階西01)	背ラベル	資料名+年度	赤
			期末処理後1年～6年	紐綴じ	書庫保管(地下)	表紙	資料名+年度+保管期限	白
2	営業	仕様書、打合せメモ、見積書	営業活動中	PJ別ファイル	担当机引き出し	背ラベル	顧客名+プロジェクト名	黄色
			営業活動中(電子データ)	フォルダー	サーバー(部署名¥営業¥顧客別)	フォルダー名	顧客名+プロジェクト名	―
			契約中	顧客別ファイル	キャビネット(部署共用)	背ラベル	顧客名+契約名	青
			契約満了1年以内	顧客別ファイル	キャビネット(3階東03)	背ラベル	顧客名+契約名+契約年度	青
			契約満了1年～10年	PDF化	サーバー(共用¥契約満了¥顧客別)	ファイル名	顧客名+契約名+契約年度	―
			失注案件(3年以内)	PDF化	サーバー(共用¥営業¥失注¥顧客別)	ファイル名	顧客名+契約名	―
3	設計	データ仕様書、画面仕様書、帳票仕様書、インタフェース仕様書	設計中	PJ別ファイル	キャビネット(部署共用)	背ラベル	製品名+プロジェクト名	ピンク
			設計中(電子データ)	フォルダー	サーバー(部署名¥設計¥製品名)	フォルダー名	製品名+プロジェクト名	―
			販売中	製品別ファイル	キャビネット(部署共用)	背ラベル	製品名+バージョン	緑
			販売中(電子データ)	フォルダー	サーバー(共用¥設計¥製品名)	フォルダー名	製品名+バージョン	
			販売終了1年以内	PDF化	サーバー(共用¥設計¥製品名¥旧)	ファイル名	製品名+バージョン	―
			販売終了了1年～15年	PDF化	サーバー(共用¥販売終了¥製品別)	ファイル名	製品名+バージョン+期限	―
4	文具	ペン、ホッチキス、カッター、はさみ、朱肉、のり、ファイル	使用中(個人持ち)	姿絵	各自机引き出し	置き場	品名	―
			使用中(共用)	姿絵/梱包	共用棚(フロアー共用)	置き場	品名	青
			補給予備保管	個装	共用棚(フロアー共用)	置き場+ラベル	品名+型番	青
			在庫	入荷梱包	備品置き場(総務横共用棚)	ラベル	品名+型番+メーカー	―

整頓の単位は情報のライフサイクルで

置く形態は扱いやすさで

保管場所は頻度と比例

表示は探しやすさと戻しやすさ

4-15 清掃を日常化する ——オフィスの清掃①

清掃を日常化して、使いたいものがいつでもすぐに正しく使えるようにします。

清掃の進め方

清掃の基本的な考え方·進め方は、製造現場と同じです。また、「清掃の日常化」、「清掃チェックリスト」、「掃除道具のオープン化管理」などのツール類も同様に使えますので、製造現場の清掃ページもご参照下さい。

オフィス・クリーン・デイ

オフィスビルでは、掃除は業者さん任せという所もあるかと思いますが、机周りや書庫の中などまでやってもらえません。そこで、例えば、毎月1日の午後一番の10分間清掃タイムを取るというような**オフィス・クリーン・デイ**（5Sの日）を設けて、日常化します。もし、その日に出張が入って参加できない場合は、後日その月内のいつでもよいので時間を取ってひとりで掃除させます。そして、その月内に掃除を行った人は星取表にシールを貼り、さぼることができないように管理します。

モノを大切にする心を育てる

自分のものは大切にするけれども、会社のものは乱暴に扱うようでは困ります。清掃を通じて、備品や機器類を手入れすれば愛着もわくし、モノを大切にする心もはぐくまれます。

清掃を日常化する

●オフィスクリーンデイなどを設けて定期的に全員参加で実施する。

もったいない精神をはぐくむ

●備品などの清掃を通じて愛着を持たせ、モノを大切にする心を育てる。

4-16 油断大敵
——オフィスの清掃②

発生源をつぶし、後工程のことを考えた仕事をするようにします。

そもそも汚れないようにする

乱れの基となる発生源箇所に対策を施します。例えば、デスクの足元や床に書類が散乱するようであれば、その発生源を突き止め、そもそも書類をつくらないようにすることができないかという発想で、発生源対策を検討します。

後工程はお客様意識

文房具欠品やコピー故障などを放置せず、次の人が作業のできる状態を維持します。例えば、コピー機で紙詰まりがあると誰かが直すだろうということで放置してしまうと、次の人が急いでいるのに使えないという状況が生まれます。このように次の仕事のことや後工程を意識し状態を維持させます。1回1仕事で片づけを後回しにしないようにします。

ちょっとの油断が乱れの基となる

仮置き・チョイ置きなどをなくし、決められた場所に戻すことです。例えば、急いでいるからとりあえずここに置いておこうなどとしてしまうと、それを使いたい人が置き場にモノがなく使えないという状況が起こります。決められた場所に戻すことを徹底させます。

後工程はお客様意識

- 文房具欠品やコピー故障などを放置せず、次の人が作業ができる状態を維持する。
- 1回1仕事（仕事は1つずつ片づける）で片づけを後回しにしない。

ちょっとの油断が乱れの基となる

- 仮置き・チョイ置きなどをなくし、決められた場所に戻す。

4-17 日常点検とメンテナンス ——オフィスの清掃③

汚い所からミスやトラブルが発生するのでメンテナンスを心がけます。

事後処理からの脱却

日常清掃点検で、問題が浮かび上がるようにし、事後処理からの脱却をはかります。月1回する点検項目、年1回の点検項目など**清掃点検基準書**、**自主点検チェックシート**、**自主点検カレンダー**などを作成し、賞味期限切れや欠品などをしないように予防哲学で未然防止をはかります。

事後処理からの脱却

● 日常清掃点検で、問題が浮かび上がるようにする。

メンテナンス

新しい書類やファイルが増えると表示が乱れるので、例えば、書庫の表示にマグネットシートを用いる、ファイルが増えることを想定してスペースを空けておくなどして、変更・入替を容易にするようにします。仕事の変化に応じて新しい書類やファイルを増減し、その都度表示し、**メンテナンス**を徹底します。

変更・入替を容易にする

● 新しい書類やファイルが増えると表示が乱れるのでメンテナンスを心がける。

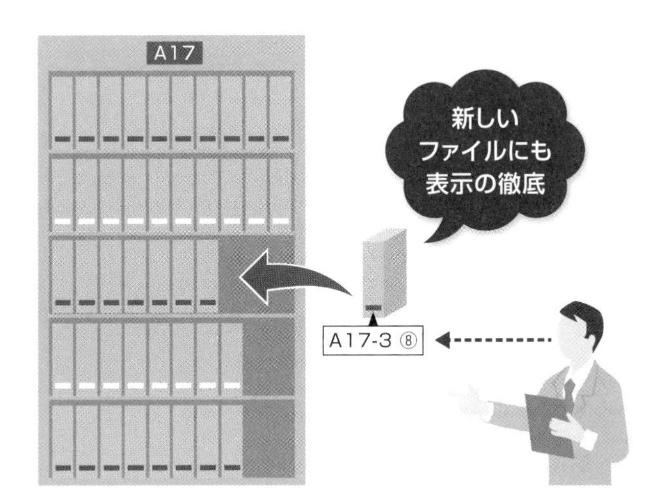

4-18 整理・整頓・清掃を維持する ——オフィスの清潔

小さな乱れなどの異常がわかるようにし、整理・整頓・清掃された状態を維持します。

清潔の進め方

清潔の基本的な考え方・進め方は、製造現場と同じです。また、製造現場の清潔のページでご紹介した「扉のオープン化」「汚れや乱れが小さい状態で対処する」「正しい状態がひと目で分かる」「正常か異常かひと目で分かり異常検知ができる」「色彩管理」「色彩基準」「定期巡回点検」「チェックリスト」などのツール類も同様に活用できます。

読ませるのではなく色で識別する

オフィスの色彩管理では、部署や業務、マル秘・重要書類などを識別できるように色の工夫で、誰でも間違うことなく、戸惑うことなく作業ができるようにします。

安全性も高める

配線・電気容量・地震・感染症対策など安全性を高めます。防火・防災意識を高め、**安心安全**な職場づくりを行います。

チェックリスト

チェックリストは、製造現場でご紹介したものと同様ですが、項目が異なってきます。

定期的なチェックで維持する

●現場巡回やパトロールなどでチェックする

年　　月　　日　記入者(　　　　　　)

区分	チェック項目	**職場 不可　　優
机	机に不要(不明)のモノが置かれていないか	1・2・4・5
	シュレッダー回り等オフィス内にゴミやクズの散乱はないか	1・2・4・5
	個人の所有物が置かれていないか(傘等必要数以上に置いていないか)	1・2・4・5
通路	モノが消火栓、防火扉、配電盤の前に置かれていないか	1・2・4・5
	モノが作業の邪魔になっていないか、通路に置かれていないか	1・2・4・5
	通路に配線が散乱したり、つまずくことはないか	1・2・4・5
	地震・火災時に通路が確保でき、避難誘導できるようになっているか	1・2・4・5
文具等	文具、備品、事務用品等が放置されていたり、過剰な在庫はないか	1・2・4・5
	文具、備品、事務用品等の置き場が決まっているか(置き場が分かり易いか)	1・2・4・5
	文具、備品、事務用品等共有物の管理ルール(何がいくつあるか)が明確になっているか	1・2・4・5
表示等	書庫やファイルの表示、標識は実態と合っているか	1・2・4・5
	書庫やファイルの表示、標識が見易いか(文字の大きさ、色別等)	1・2・4・5
	個人情報等のセキュリティ資産は識別されているか	1・2・4・5
	目で見て分かるように工夫されているか(個々の保管物ごと)	1・2・4・5
保管方法	保管物(個人情報、情報機器、電子ファイル等)の管理ルール(置き場)が決められているか	1・2・4・5
	保管物(個人情報、情報機器、電子ファイル等)の保管状態が良いか(ほこり、盗難など)	1・2・4・5
	保管物(書類・備品等)が崩れたり倒れるような置き方がされていないか	1・2・4・5
	個人情報、機密書類のセキュリティ意識は高いか	1・2・4・5
その他	組織として書類やファイルの廃棄が定期的に行われているか	1・2・4・5
	(整理)整頓基準に従った2S改善活動が継続的に実践されているか	1・2・4・5
	合計	/100点
コメント:		

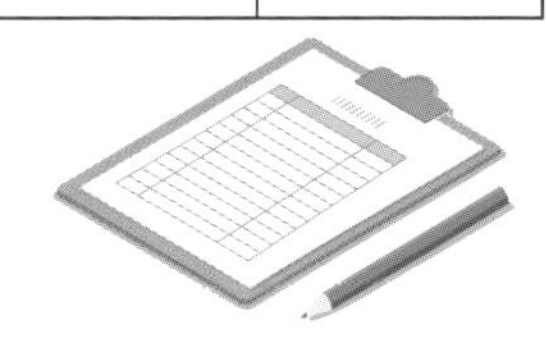

4-19
理解と納得
——オフィスの躾

躾は、職場のルールや規律を守る、守らせることです。

躾の進め方

躾の基本的な考え方·進め方は、製造現場と同じです。また、製造現場の躾のページでご紹介した「KMK活動」「ルールの見える化」「ルールの道具化」などのツール類はオフィスの躾でも活用できますので、ご参照下さい。

オフィス改善に必要な理解と納得

上からの指示命令で「5Sしなさい！」と言われ、その場ではしますが、すぐまた元の状態に戻ってしまいます。それは本来業務からすれば今やらなくてもよい作業とみなされ、「仕事が忙しい」「業務優先でやっている暇ない」などとできない理由を並べられ、結局続かない、崩れてしまうということが起こります。

そこで、必要なのは相手に**理解**させ、**納得**を得ることです。腑に落ちなければ、行動につながりません。たとえ指示命令として行動につながったとしても、納得していなければすぐに後戻りしてしまいます。

ですから、特にオフィスの5Sでは、なぜするのか、しないとどうなるか、すればどのような効果が生まれるのか、など**Know-Why**を説明し、納得させることが大切です。

効果を感じさせる

整理・整頓の効果は、きれいになった、片付いた、掃除ができた、で済ませてはいけません。それよりも**質**が向上した、**生産性**が上がった、など仕事そのものに寄与するようにしていかなければなりません。

例えば、質の面では、

- ・書類の取り間違え・中断作業・やり直し・手直し作業が減った。
- ・属人化仕事が減りコミュニケーションが活性化された。
- ・活スペースができ、m^2あたりのコスト削減につながった。
- ・消耗品類の在庫金額が削減した。　　など

生産性の面では、

- ・探すロス時間や復帰ロス時間が減った。
- ・1作業当たりの投入工数が削減した。
- ・1日の処理件数が向上した。
- ・一人当たり座席数（席数÷在籍人数）や一人当たり面積（面積÷人数）が削減した。

などを定量化します。

きっちりと算出することは難しいこともあるので、例えば、書類を探すのに大体5分要していた。それが月に3回程度と仮定し、年換算すれば3回×12か月×5分＝180分／年というようにざっくりと定量化し、積み上げていきます。オフィスの改善効果は、5分短縮したといっても飛込仕事や雑用が入り、効果が実感できないことも多いので、このような数値を**金額換算**などして積み上げていくことでモチベーションを高めていきます。

COLUMN オフィス改善の際の抵抗

オフィス改善では、総論賛成・各論反対で改善行動を促してもなかなか行動に結びつきません。

その背景には、以下のような言葉に出ない抵抗が隠されています。

・面倒くさい
・やり方が分からない
・そんなものは役に立たない
・自分はできないから上に言ってくれ
・かける時間を短縮すれば品質は落ちる
・他人や上からあれやれこれやれ言われるのは嫌だ
・言われなくても問題は以前から分かっている
・今のやり方をなぜ変えるのか
・自分さえ分かっていればいいだろう
・他社の成功事例は業種業界や規模の異なる自社には当てはまらない　　など

このような抵抗や企業文化・風土が根底にある限り、なかなか改善は進みません。

「できない理由の説明よりやる方法を考える」というスタンスで、抵抗を取り除いていかなければなりません。

第 5 章

情報媒体の5S

物的面の 5S で改善の基盤ができ、改善サイクルが回るようになったら、次はオフィスのソフト面の 5S について考えます。前章ではモノとして書類の 5S を記述しましたが、本章では情報媒体面での紙と電子ファイルの双方から説明いたします。

5-1 書類作成をなくす ——紙媒体の整理①

情報媒体には、大きく紙媒体や電子媒体などがあり、まずは紙媒体の改善を考えていきます。

紙媒体の整理

紙媒体の改善の入口は、物的面と同様に整理から始めます。紙媒体の整理の考え方の基本は、**なくせないか、やめられないか**です。例えば、会議を例にすると、「会議を開きます。会議に合わせて資料をつくり配布します。会議後議事録をとり回覧します。その後会議での決定事項に対する資料を作成します。」というように資料という紙媒体がたくさんつくられます。このような資料作成を、なくせないか、やめられないかという視点で考えます。

そのためには、会議の運営方法ややり方を変えなければなりません。配布資料は、事前にメール配信し情報端末を持参して会議に臨む。議事録はその場で入力作成し会議後すぐにメール配信する。会議後の資料作成もできるだけなくし何が必要で誰がどこまでつくるのかといったことを会議内で合意形成しておくことも必要です。製造現場であれば、製品をつくるのに作業指示書などの命令があって作業が始まりますが、オフィスワークでは、資料をつくる指示書がなく、自分勝手にどんどんつくってしまいがちです。そして、一度作られた資料は担当者が変わっても引き継がれ、理由や使い道もわからず、ただつくっているということが起こってしまいます。

改善の進め方は、誰がどのような書類をつくっているのか現状把握することがスタートです。テーマを決め、その作業に関わる人たちを集め、入口の担当者はこのようなものをつくっており、中間ではこのように加工され、出口のアウトプットはこうなりますというように**現地**（現地に行ってモノを見る）、**現物**（現物を手にしてモノを確認する）、**現認**（現実を目で見て事実を認知する）の**三現主義**で見える化します。例えば、各自がアウトプット書類などを持ち寄ってホワイトボードなどに掲げ、時系列や関係性などで矢印を引くと現実が見えてきます。

なくす、やめるという決断は、一人ではなかなかできないものです。ましてや上長を意識した念のためにつくられる資料、忖度（他人の心情を推し量ること）資料など顧客を見ずに社内や上を見ることで生まれる内向きのムダな仕事は、なかなかなくせません。ですから、このように現実を見える化し、仕事の流れの中で「これは使われてないよね、それを依頼した人はもういないよね、内向き資料で不要だよね」という共通認識をはかり、なくす、やめることをしていきます。

このように資料作成をなくすことができていくと、会議そのもの自体が要る／要らないということも見えてきて、ムダな会議の削減にもつながっていきます。

紙媒体の整理

●アウトプット書類を見える化し、なくせないか、やめられないかを検討する

5-2 ECRSで改善 ——紙媒体の整理②

資料作成を、なくせないか、やめられないかということで、整理を考えましたが、なくせないものも出てきます。

一緒にすることで減らせないか

資料作成が、なくなったり、やめることができたりすれば、作成時間や保管コストの削減がはかれ効果は大きくなりますが、なくせないものも出てきます。そこで、次に考える紙媒体の整理は、**一緒にできないか**という視点です。例えば、担当者AさんとBさんが同じような資料づくりをしていた、部署AとBでも同じような資料をつくっていた、というように属人化したり、組織の壁があったりすると同じような書類を手間暇かけてあちらでもこちらでもつくり、それぞれで保管するようなことが起こります。

ですから、なくすことはできなくても一緒にすれば、組織として工数が半減する、2枚が1枚になる、保管が一か所で済むようなことができます。先ほどのなくす改善は1を0にする改善、この一緒にする改善は2や3を1にする改善になります。

手順や進め方は、前述のなくす改善と同様で、テーマを決め、その作業に関わる人たちを集め、アウトプット書類などを持ち寄ってホワイトボードなどに貼り、ダブりの帳票、入力、作成、転記などがないか、見える化し改善をはかります。

置き換えで減らせないか

例えば、客先からの注文書や仕入れ先からの納品書などの仕様が様々で何種類もあったり、手書きやオンライン、FAXや郵送など様々な出力形態に分かれたり、サイズもまちまちであったりすると、情報の混乱を招きやすくなり、保管するためのバインダーなどもたくさん要ることになります。そこで、**ワンフォーム、ワンサイズの原則**で、例えば、FAX・郵送をなくし定型フォームに入力するスタイルの標準仕様に**置き換え**てもらうことができないか交渉していきます。すべての取引先とそれができなくて半分だけであっても、それが紙媒体の整理につながっていきます。一遍にできなくても根気よく年月をかけていけば、集約されてきます。

単純化で減らせないか

資料づくりに制限がないと「質より量で勝負」と考えて、数10枚にもなる膨大な資料をつくる人が出てきます。つくる側の自己満足で出来上がった書類も、見る方からすればどこが肝なのかわからず、只々時間を浪費するだけに終わることも起こります。使い終わって保管する際にも、場所を食うだけであって、後で調べる時にも時間がかかります。

単純化できないかという視点から、資料づくりの原則は**ワンペーパー**、つまり、書類を1枚にまとめます。文字ばかりでなく、図や絵を入れ一目で要点がわかるように作成します。理想は、A4の1枚ですが、収まり切れない場合は、A3の1枚まで可とし、サイズを揃えることで保管も楽になります。

ECRSの原則

紙媒体の整理を、**なくせないか、一緒にできないか、置き換えできないか、単純化できないか**という視点で見てきましたが、これが改善の基本原則＝**ECRSの原則**と呼ばれるものです。

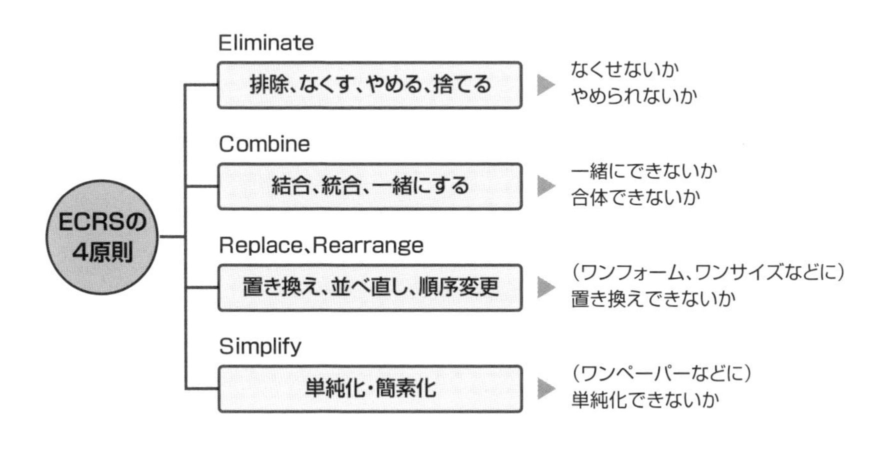

5-3 書類の層別 ——紙媒体の整頓①

整理が終われば、整頓に移ります。

書類を層別で分ける

書類をグループ分けします。**層別**には、

- **2分法**：今年度とそれ以前、入力済と未のように2つに分ける。
- **序列・時系列法**：序列順（アイウエオ順、ABC順、番号順）、時系列順（日付順、年度順）などで連続性を持たせて分ける。
- **構成要素法**：文章形式別、職務別、テーマ別、地域別などのように漏れなくダブりのないようにグループに分類する。

などがあります。

職務分掌・業務分掌で掌握する

職務分掌や業務分掌があれば、それに従って階層に分けるやり方もできます。

職務分掌とは、**個人**の職務について役割を明確にしたもので、大分類⇒中分類⇒小分類⇒担当者というようにどの職務を誰が行うのかという職務役割分担を示したものとなります。

業務分掌は、**各部門**が果たす責任・権限を明確にしたもので、部門⇒大分類⇒中分類⇒小分類というように部門ごとの業務範囲を示したものとなります。

例えば、業務分掌をもとに**業務分類表**で層別すると右図のようになります。

まずは、社内に、どのような部門がありそれぞれの部門が、どのような機能を担っているのかを抽出します。各部門には、その部門の使命や役割を果たすための主要業務と、方針管理や教育などの全体業務がありますのでそれらを抽出し、業務を体系化しながら業務分類表を作成します。

業務分類表は、部門内の機能を大分類、各機能の業務種類を中分類とし、中分類に挙げた業務について、プロセスがある場合はプロセス順に、入手・作成・保管などの必要がある書類を分類し、プロセスが明確でない場合は、領域や対象ごとに必要な書類を分類し、小分類とします。

そして、フォーマットには、大分類、中分類、小分類とNo. で全社統一の様式番号を振り、コードで管理できるようにします。業務分類表で全社業務を体系化することになるので、異なる部門で同じような書類を作成したり、保管したりする重複管理をなくすことができます。また、どの部門が、何を持っているのか、書類の所在が明確になり、必要なときに必要な書類を入手しやすくなります。書類の整頓のしくみを確立することで、書類の共有化と活用ができるようになり、それによって**知的生産性**を向上することができます。

業務分類表

部門　開発部　第1開発課　作成者　○○　○○　作成日・更新日：20XX年XX月XX日

大分類		中分類		小分類（プロセス／領域・対象）			
No.	機能	No.	業務種類	1	2	3	4
10	経営	00	中長期経営計画	中長期事業計画書	中長期事業報告書		
		10	事業部方針	事業部年度方針書	事業部戦略方針会議議事録	事業部採算会議議事録	
		20	部方針管理	部年度方針書	部年度方針展開書	部四半期レポート	部長会議議事録
		30	課年度方針管理	課年度方針書	課年度方針展開書	課四半期レポート	月次報告書
		40	個人目標管理	個人目標管理シート			
20	予算・経費	00	半期経費予測	材料費、償却費等予測調査票			
		10	設備投資計画	設備投資申請書	設備見積書		
		20	経費予算管理	経費予算書	経費予実管理表		
30	情報収集	00	顧客ニーズ	製品企画書	顧客仕様要望書	顧客資料	打ち合わせ議事録
		10	市場クレーム状況	市場品質情報	市場クレーム分析表	市場クレーム対策表	クレーム対策会議議事録
		20	競合他社情報	競合他社製品カタログ	競合他社比較表		
		30	技術情報	技術情報データベース			
40	開発計画	00	開発計画	開発計画書	工程管理表	担当者スキルマップ	
		10	開発日程計画	開発日程計画表	進捗管理表		
		20	製品品質評価計画	製品品質評価計画表			
50	基本設計	00	顧客要求性能	顧客要求仕様書	部品情報データベース		
		10	仕様管理	仕様選定基準書	原価評価基準書	材料選定評価表	材料選定一覧
		20	コスト計算	コスト条件表	コスト計算書	コスト実績表	

機能　業務種類　プロセス／領域・対象

5-4 書類の保管・置き方 ——紙媒体の整頓②

層別した書類を使いやすいように保管します。

保管の仕方

層別で分けた書類は、使いやすい置き方を考えます。

仮置き、一時保管（仕掛中）書類では、

- フォールド（折り畳み）方式（バーチカル式）にて文書をまとめる。
- V字フォルダーにはさみこみ、ファイルボックスに収容する。
- 書架、キャビネットは、引き出し式タイプにする。

ようにします。

そのメリットは、入れやすい、捨てやすい、コピーしやすいなどで、デメリットは、まとめて見づらい、紛失しても気づかない、などとなります。

一方、保管する（作成後）書類では、

- バインド（とじる）方式（簿冊式）にて文書をとじる。
- 穴をあけ可のものは、リングファイル、2穴フラットファイル、とじひもなどにて文書をつづる。
- 穴をあけ不可のものは、クリヤーブック、クリヤーフォルダーなどに文書を入れる。
- バインダーは、書類の厚みと比例したものを採用する。
- 序列、時系列があるものは、新しいものが上にくるようにする。
- まとまり単位があるものは、インデックスで見出しを付ける。
- 書架、キャビネットは、本棚、保管庫式タイプにする。

ようにします。

そのメリットは、持ち運びしやすい、パラパラと見やすい、順番が変わらないなどで、デメリットは、捨てにくい、コピーしにくい、閉じるのが面倒くさいなどとなります。

層別した書類の置き方

フォールド（折り畳み）方式では、

・仕事の流れや時間の経緯に沿った置き方をする。
・連番順、日付順、プロセス順など置き方に連続性をもたせる。

バインド（とじる）方式では、

・同一業務、プロジェクト毎などグループ単位でまとめて置く、それぞれで別にファイルを作成する。
・ひと目で必要なものが分かり、取り出し・返却がしやすいようにする。
・ファイルは寝かせず、立てて保管する。
・1ファイルに入らない場合は、まとまり単位で1ファイルを作成する。
・書類量とバインダーの厚みを比例させる（少な過ぎず、入れ過ぎない）。
・保管物の名称などが記載された背表紙などが保管状態のままで読めるようにする。
・新旧のある資料は、誤使用防止をはかった置き方とする。
・新と旧の置き場を分けて、旧については大きく明示する。
・年度毎にまとめて置き、年度末に書庫・書類倉庫へ移動し、空いたスペースに新年度分を入れるようにする。

などで使いやすい置き方にします。

5-5 見出しや背表紙の表示 ——紙媒体の整頓③

誰でもすぐに取り出せ、元に戻せるように表示を徹底します。

見出しの表示

収納した書類がすぐに取り出せるよう表示を徹底します。

フォールド（折り畳み）方式では、文書をとじずにV字フォルダーやバーチカル（垂直、直立式）タイプに収納し、すぐに取り出せるよう見出しをつけます。基本は、左から右に大分類から小分類へとします。

一方、バインド（とじる）方式では、文書をとじ、バインダーやリングファイルにて、上から下に大分類から小分類へとします。

背表紙の表示

バインド（とじる）方式（簿冊式）では、背表紙ルールを決めて表示します。

例えば、

- **収納されている文書・記録の役割や機能がわかる名称とする。**
  - －メモ×　⇒打合せメモ○、監査メモ○
- **業務やプロジェクトなどの違いが識別できるようにする。**
  - －議事録×　⇒350DTプロジェクトDR1議事録○
- **ファイルのグループ表示色を決める。**
  - －プロジェクト資料　⇒青色、外部発行図書・資料⇒灰色など
- **状態などを表示する。**
  - －全社・部門共有資料　⇒各文書に版または改定日付をつける。
  - －プロジェクト資料　⇒プロジェクトの開始～終了（予定）日付をファイルに明示する。

－外部発行図書・資料　⇒最新版と保管を要する旧版は分けてファイルし、それぞれ最新・旧版を表示する。

－共通業務資料・記録　⇒年度をファイルに明示する。

・機密文書であることを表示する。

－最高機密資料等（利用者制限）　⇒赤色丸シール

－機密資料（個人情報）　⇒橙色丸シール

・詳細な表示をする。

－大分類名、中分類名、ファイル名、ファイルNo.、保管期限、保管位置、管理部署などを明示する。

などとなります。

見出しの表示

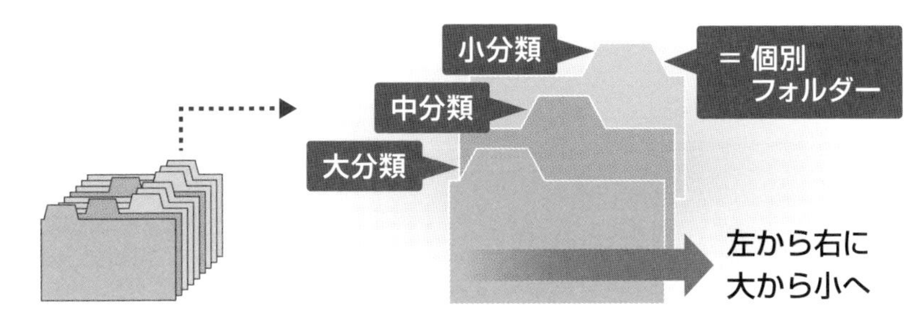

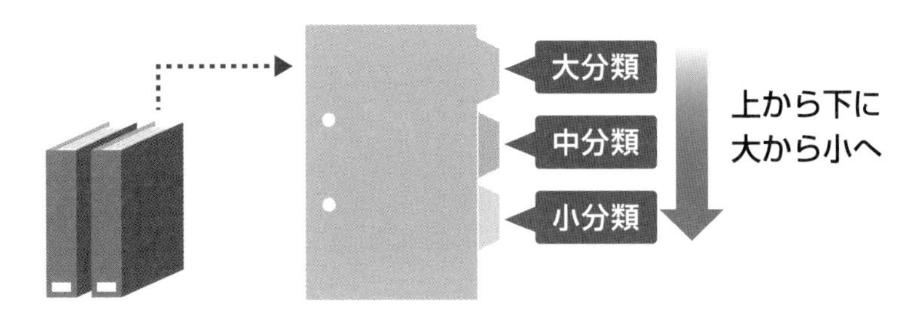

5-6 書類のファイリング——紙媒体の整頓④

表示やファイリングの留意点にも気を配ります。

表示の留意点

表示では、以下の点を心掛けます。

・色は緊急性や異常性の高いものものほど赤色に近い色にする。
・同一の種類・領域のものは、一目で仲間とわかるように色やマークを統一する。
・内容の表示は、内容がイメージできるようにする（名は体を表す）。
・位置表示は、物理的位置とあわせてイメージができるようにする。
・仕事の状態の表示は、プロセスや仕事の進度と合わせてイメージできるようにする。
・最新性の表示は、時間の流れと合わせてイメージできるようにする。
・紛失や入れ間違いなどの異常が浮かび上がるような表示をする。

ファイリングの際の留意点

ファイリングは、維持できなければ何もなりません。
そこで、留意点として、

・使用したら元の場所にきちんと戻す。
・オフィス・クリーン・デイなど定期的な整理・整頓時間をつくる。
・あまりにも厳格なルールはつくらない。
・全部署一律を強制せず、各部署の特性を考慮する。
・一般的な分類方法にこだわらず、自社の特性を加味する。
・私物を置くスペースを用意する。
・つくられた書類をファイルする以前に、そもそも書類をつくらないようにする。

などを心掛けます。

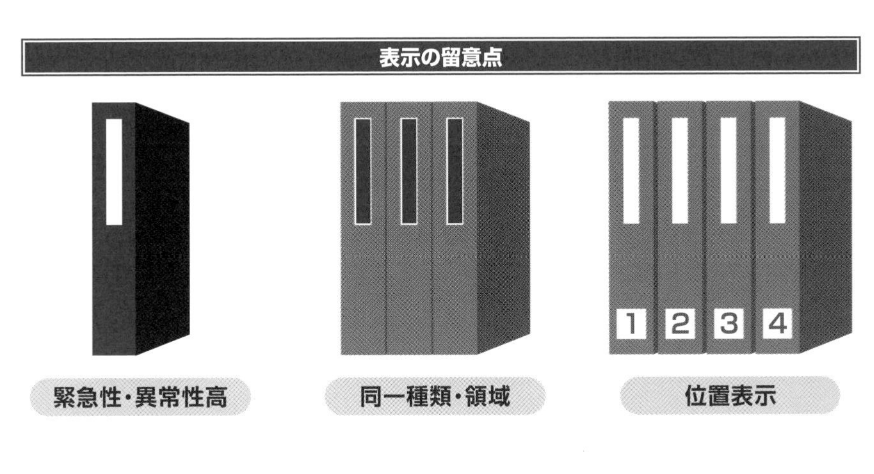

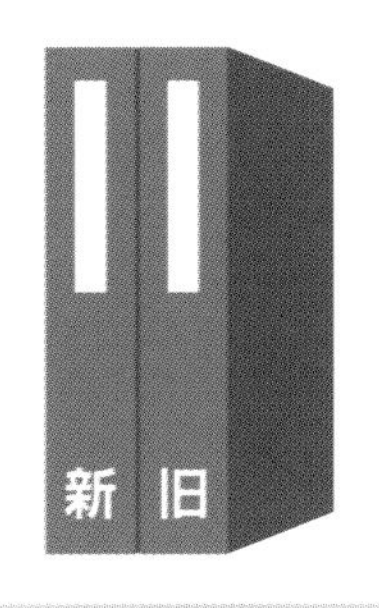

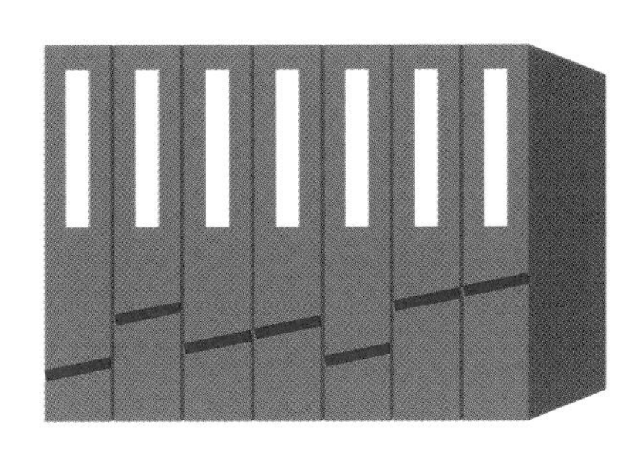

COLUMN スピードと行動

P.F.ドラッカーは、「未来は明日作るものではない。今日作るものである。今日の仕事との関係のもとに行う意思決定によって、今日作るものである。逆に、明日を作るために行うことが、直接、今日に影響を及ぼす」という言葉を残しました。5Sに必要なのは、“スピードと行動”です。思いついたら、すぐ実行する姿勢が求められます。

5-7
電子ファイルの整理
——電子媒体の整理

紙媒体が終われば、情報媒体のもう一つ電子媒体の改善を考えます。

個人電子ファイルの整理

電子媒体の整理の考え方は、基本的には物的面の整理と同じで、要るものと要らないものを区別し、要らないものを**処分**します。処分には、**廃棄**と**保管**があり、使用頻度が低いものは遠ざけて保管します。

まず始めは、**デスクトップ画面**です。今仕掛中の電子ファイルのみにし、不要なファイルは「ごみ箱」に入れ、「ごみ箱を空にします」で完全に消去します。

次にLocal Disk（C：）内の電子ファイルを整理します。特に、写真・ビデオなどサイズの大きな電子ファイルやダウンロードした電子ファイルなどを消去すれば効果は大きく、**空き領域**が増えます。

更に、サーバー内の個人ファイルを整理します。基本的な考え方は、重複する電子データは消去し、

- **1ヶ所保管**：種別ごと**1ヶ所**に保管し、重複するファイルは消去する。
- **1ファイル保管**：コピーはつくらず切り取り＆貼り付け（カット＆ペースト）で移動させ、**1ファイル**のみにする。

ようにします。

共有電子ファイルの整理

サーバー内の電子ファイルには、誰がつくったかわからず、要るか／要らないか区別できないようなものがたくさんあります。それらの整理の仕方は、

- ・部門内の全員が集まり、皆で画面を共有しながら消し込み作業を行う。
- ・退職者の個人ファイルを廃棄する。
- ・新しいフォルダー体系をつくり、要るものピックアップ方式で今活用中の電子ファイルを移管していけば、現フォルダー体系には活用していない電子ファイルが残るので、それを廃棄する。
- ・保存期限を設けて古いファイルは廃棄するか、まとめて別に保存する。

などで廃棄を行います。

電子ファイルの整理の効果

個人のPC内のLocal Disk（C：）やサーバーに、整理後どれだけ空き領域が増えたかが、一つの効果になります。その結果、PCがサクサク動くようになった、フリーズしなくなった、容量の大きな新機種を買わずに済んだ、などのメリットが生まれてきます。

電子媒体の整理

●デスクトップ画面

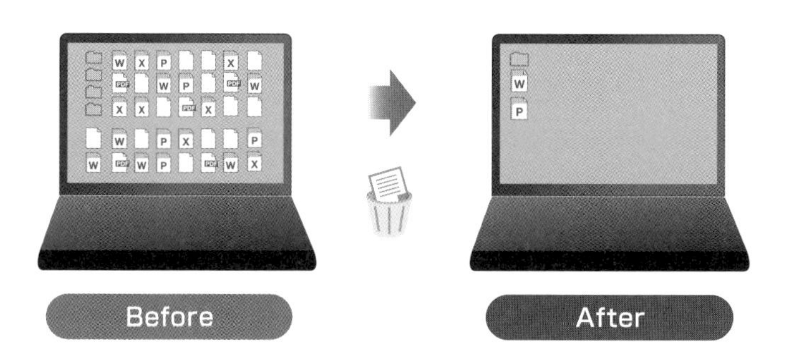

5-8 電子ファイルの整頓 ——電子媒体の整頓①

電子媒体の整理が終われば、整頓に移ります。

流れをつくる

紙媒体では、使用頻度が下がるに従い、「デスク⇒書架・キャビネット⇒書庫・書類倉庫」へと遠ざけていくという「発生⇒活用⇒保管⇒保存⇒廃棄」が書類の流れでした。電子媒体も考え方は同様です。

- **発生**：電子ファイルはデスクトップ上に仕掛中として置く。
- **活用**：PC内のLocal Disk（C：）にフォルダーを設けて活用中として置く。
- **保管**：サーバー内にフォルダーを設け保管として移し替える。
- **保存**：HDD、CD-R、DVD、MOなどの電磁記録媒体に保存として置き換える。

その際、不要な電子データはその都度小まめに廃棄していきながら、切り取り&貼り付け（カット&ペースト）で移動させ、電子フォルダーをコピーしていくつもつくらないようにします。

ソフトにも注意を払う

PCのソフトには、ウインドウズやマックなどのOS（オペレーティングシステム）、一太郎やワードなどのアプリケーションソフト、その中でのバージョンなどがあり、相互に互換性がない場合があります。ですから、保存していた過去の電子ファイルが開かないことも起こり得るので、ソフトの変更には注意を払う必要があります。

うっかり廃棄に気を付ける

作成中の電子ファイルをうっかり消去してしまった、上書きせずに終了してしまった、PCがフリーズしてデータが消えてしまった、などということはないでしょうか。そうならないためにも作成中の電子ファイルは、**クラウドストレージ**や**オンラインストレージ**などで自動的にバックアップされるようにしておけば、外出先や在宅勤務先からでも常に最新のバージョンが維持されます。例えば、ISP（インターネット・サービス・プロバイダー）のGoogle Drive（グーグル ドライブ）上などで電子ファイルを運用すれば、在宅勤務時でもデータの取り出し、保存に困りません。

機密情報の管理

紙媒体や電子媒体の情報に対し、**リスクアセスメント**を行い、その情報が漏れた場合のリスクを評価し度合いを決め、「極秘、マル秘、社外秘、個人情報」などの機密区分で非公開・公開の**識別**をします。

紙媒体の非公開情報は、鍵付きの書架・キャビネットなどで保管しますが、電子媒体の非公開情報は、**アクセス権**を設けて利用者／特権保有者を特定し、閲覧、持ち出し、廃棄、情報漏洩などを制御します。

電子媒体も流れをつくる

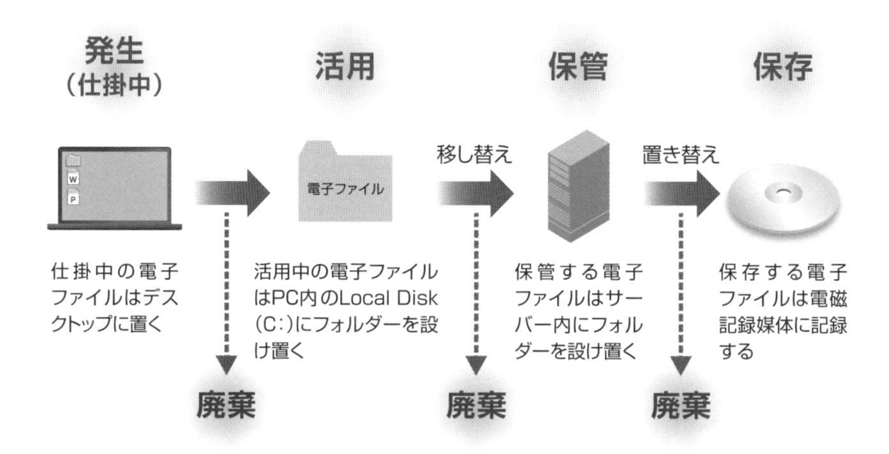

※カット&ペースト（切り取り&貼り付け）で移動する。電子ファイルをコピーしていくつも作らない。

5-9 電子ファイルのファイリングとファイル名表示 ——電子媒体の整頓②

電子ファイルのファイリングで情報共有をはかり、ファイル名のルール化などで電子ファイルを探しやすくします。

電子ファイルのファイリング

テンプレート化された情報などがすぐに取り出せるようにファイリングを行います。電子ファイルのファイリングは、以下の点に注意します。

・フォルダー名には、頭に01,02,03……というようにナンバーリングし、整列させる。
・フォルダー内の収容は、探しやすく、追加や返却しやすい方法とし、上から下へ、左から右へ並べる。
・構成要素法でグループごとにフォルダーを作成し、仕事の流れや時間の経緯に沿った置き方をする。
・序列・時系列法でまとまりをつくり、まとまり単位のフォルダーを作成し、個々の文書・記録などを収容する。
・フォルダー構造は3～4階層にとどめ、あまり深くし過ぎない。例えば、3階層であれば、1層目は大分類、2階層目は中分類、3階層目は小分類とし、電子ファイルを格納する。
・それ以上の多階層となる場合は、フォルダー体系図を作成し、トップフォルダー直下におく。
・新旧のある資料は、誤使用防止をはかった置き方とする。
・一時保管（仮置き場）をつくっても、何でもかんでも入れない。その日のうちに整理・整頓をはかる。

電子ファイル名／フォルダー名の表示

電子ファイル名のつけ方が人によりバラバラだと、探せずに情報共有もできなくなります。そこで、**ファイル名のルール**をつくり共有します。

例えば、

- **頭文字**：検索が容易になるようにファイル名の頭文字（イニシャル）1文字をアルファベットやカタカナで入れる。
- **識別・区分**：社外秘、個人情報などの機密識別をする（表示がなければ通常扱いとすればよい）。間違いやすい旧データには、「旧」の表示を入れ新旧区分する（表示がなければ通常扱いとすればよい）。
- **タイトル名**：提案書など内容の表示をする。
- **サブタイトル名**：○○向けの△△など内容の補足をする。
- **担当者名**：kiなどイニシャルや名前を入れる。
- **日付**：200725などの作成日を和暦より西暦で統一した表記・桁数にする。「最終版」のような表記にするとその修正が入った時どれが最終版なのかわからなくなるため、日付やバージョン№で最新性がわかるようにする。

などから選択し、各間を「_ 」などで結びます。

電子ファイルの検索を容易にする

フォルダーの右上部分に「検索」欄があります。そこにキーワードを入れれば、一覧となって出てきます。ファイル名にルールがあれば、内容や最新がどれかがわかりやすくなります。

5-10 紙から電子化 ——電子媒体の整頓③

紙媒体の書類を画像データとしてパソコンに取り込み電子化し、書類量を削減します。

電子保存するための要件

電子保存するための要件は、以下の通りです。

- **見読性**：作成・保存した文書を表示・印刷でき、内容が確認できること。
- **完全性**：文書の作成者・作成時期、紙文書などと電子化した文書が同一であることが確認できること。保存義務期間中に文書が改ざん・消去されないこと、改ざんされたことが確認できること。保存義務期間中に文書が消失、破損しないこと。
- **機密性**：文書の盗難、漏えい、盗み見などが防止できること。
- **検索性**：必要に応じて求める文書を探し出せること。

電子保存に関する法規制

- **電子帳簿保存法**：これまで紙の状態で7年間保存することが義務付けられていた帳簿類を、電子データとして保存することが認められるようになった。
- **e－文章法**：財務・税務関係の帳票類や取締役会議事録など、商法や税法で保管が義務づけられている文章について、紙文書だけでなく電子化された文書ファイルでの保存が認められるようになり、紙として保存された文書をスキャンして画像ファイルとしたものに対しても、一定の要件を満たせば正規の文書として認められるようになった。但し、損益計算書や貸借対照表など、企業決算にかかわる一部の重要書類は対象から外されている。

PDF文書のファイル名

PDFにすると自動的にローマ字や数字でファイル名が書かれます。そのままにしておくとファイルを開かなければ中身がわからないことになりますので、電子ファイル名の表示と同様にルールに従ってつけていきます。

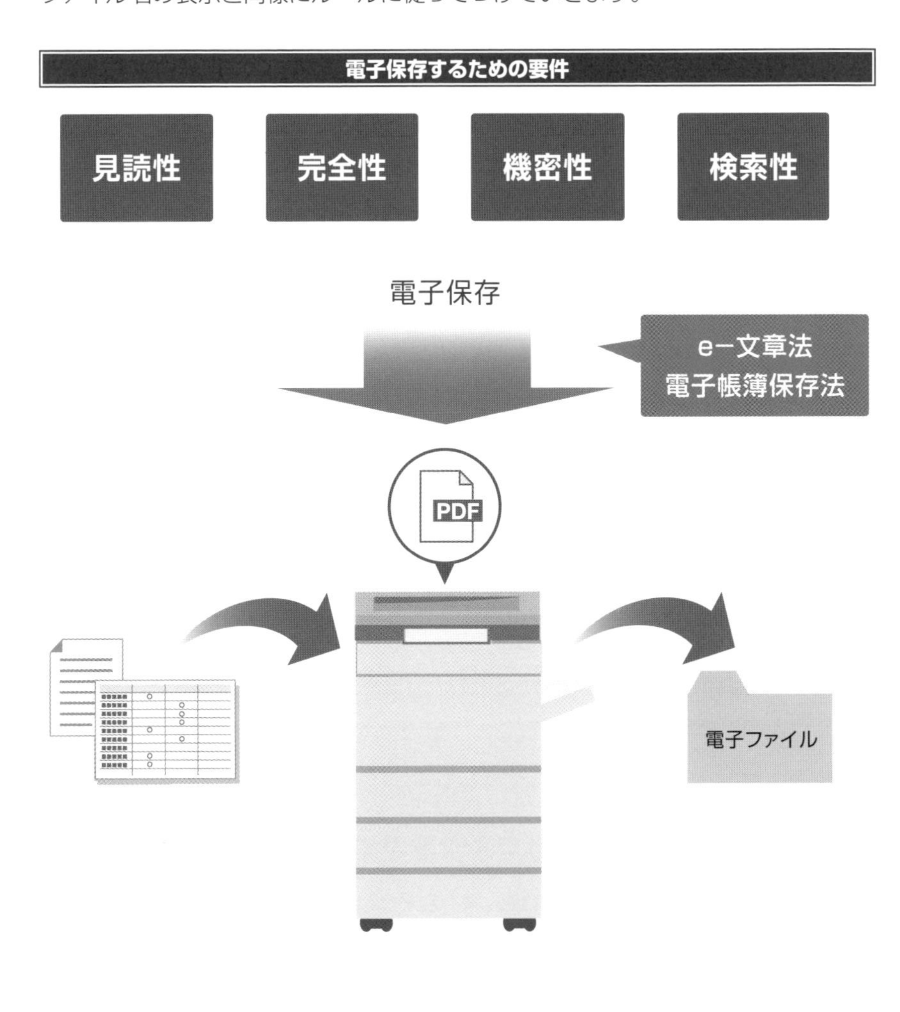

5-11 メールの2S
——電子媒体の整頓④

E−Mailにおいても添付ファイルがつく場合も多く、整理・整頓が必要となります。

E−Mailの整理

人によっては1日に何百通のメールが届きますので、まずは不要なメールを廃棄します。用済みのメール、CC（カーボン・コピー）やBCC（ブランド・カーボン・コピー）で念のため見て下さいという意味で送られたメール、メルマガ、広告メール、など不要なメールを「受信トレー」から「ゴミ箱」に移します。「ゴミ箱」内もためずに「完全に削除」で消去していきます。

E−Mailの整頓

読み終わったメールまたは送信したメールで保管の必要のあるものは、業務別、顧客別などでフォルダーをつくり、その下で保管します。

また、メールに添付された電子ファイルはダウンロードして、Local Disk（C:）やサーバーに個別フォルダーを設けて保存し、メール本文が不要となれば消去します。特に、写真など容量の大きな電子ファイルは、**1ファイル保管**で過剰なコピーをつくらないようにします。携帯電話にも、写真の電子ファイルが多数そのままにされていることも多いので、不要なものは整理し必要なものはフォルダーに移動し整頓します。

ストレージ（保存領域）の空き容量を常に確保する

電子ファイルやメールが溜まれば、**ストレージ（保存領域）の空き領域**が埋まり動きが鈍くなります。PC内は、不要な電子ファイルやメールを常に削除するとともに、普段使わないソフトも削除して極力PC内を軽くすることに努めます。

原因をつぶす

情報過多の時代の中、不要な情報に目を通すだけで時間が取られます。一つ一つの情報資料作成の目的を明確にし、不要なものはつくったり送ったりしないようにします。そもそも資料やデータが少なければ整理・整頓もしなくてよくなります。

電子メールの整理整頓

●ローカルフォルダー

受信トレイ → 不要なメールを廃棄する。

送信済
下書き
ゴミ箱
メールボックス
　個別フォルダー ①
　個別フォルダー ②
　個別フォルダー ③
　・・・

用済みのメール、CCやBCCで念のため見て下さいねと送られたメール、メルマガ、広告メール、など不要なメールを「受信トレー」から「ゴミ箱」に移す。
「ゴミ箱」内もためずに「完全に削除」で消去する。

メールに添付された電子ファイルはダウンロードして、Local Disk(C:)やサーバーに個別フォルダーを設けて保存し、メール本文が不要となれば消去する。
特に、写真など容量の大きな電子ファイルは、1ファイル保管で過剰なコピーをつくらないようにしする。

ストレージ(保存領域)の空き容量を常に確保する

5-12 脱ハンコ ——電子媒体の清掃

押印作業から停滞・滞留・仮置きなどが発生するので、ハンコをなくし、流れをつくります。

ハンコ社会・ハンコ文化

ハンコのメリット・デメリットは、

- **メリット**：印鑑があれば本人以外の代理人でも銀行窓口手続きができる、社長でなくても役所で届出や証明書発行できる、など。
- **デメリット**：在宅勤務の中押印するためだけにオフィスに行く、ペーパーレスができない、契約書などで文書が複数枚になると割印や契印を何箇所も押す、承認・確認・同意・了承・了解などで書類のたらい回しや停滞が生じる、全会一致を求め意思決定が曖昧になり合議制による責任転嫁を生みやすい。

などとなり、メリットよりデメリットの方が大きく、生産性を低めている原因の一つにもなっています。

手続き・認証の電子化へ

電子帳簿保存法（1998年7月施行）や**e-文書法**（2005年4月施行）などにより、帳簿類や財務・税務関係の帳票類は電子化が認められ、例えば、請求書に印鑑不要で郵送せずメール送信できるなど捺印と原本郵送も不要となりました。

また、**電子署名法**（2001年4月施行）では、

- **本人証明**：電磁的記録（電子文書など）は本人が作成したことを証明する。
- **非改ざん証明**：後から改ざんされていないことを証明する。

を原則にして、電子署名、タイムスタンプ（付与時刻）、電子証明書の発行の3点から電子契約が可能となりました。

更に、**デジタル手続法**（2020年1月施行）では、諸手続きで役所に行かなければならなかったものが、例えば、経済産業省のgBizID（認定支援機関電子申請システム）などを活用することにより、

- **デジタルファースト**：個々の手続・サービスが一貫してデジタルで完結する。
- **ワンスオンリー**：一度提出した情報は、二度提出することを不要とする。
- **コネクテッド・ワンストップ**：民間サービスを含め、複数の手続・サービスをワンストップで実現する。

の3原則から、本人確認の電子署名や手数料の電子納付などのオンライン実施が可能となりました。

COLUMN

オフィスのリスクマネジメント

リスクマネジメントとは、リスクを把握・特定し、その発生頻度と影響度を評価し、リスクの種類に応じて対策を講じることや、そのリスクが実際に発生した際、被害を最小限に抑えることを指します。

地震の際の情報システムや意思決定機構の分散、緊急事態時における迅速な対処や情報伝達の機構などリスク分析をしながらリスク因子を評価し、リスクアセスメントによりリスク管理パフォーマンスを測定し改善に努めます。

5-13
情報セキュリティで安全性を高める
——電子媒体の清潔

電子化が進めば利便性は高まりますが、忘れていけないことは安全性です。

情報セキュリティとは

情報セキュリティは、ISO27001による国際標準規格があり、3要素の**CIA**

- **Confidentiality（機密性）**：不正なアクセス、データ閲覧・書き換えができないようにし、許可された者だけがアクセスできるようにすること。
- **Integrity（完全性）**：保有する情報が、不正に改ざん・破壊・消去されず、正確で最新の状態を保持すること。
- **Availability（可用性）**：情報資産を必要な時にいつでも中断することなく利用可能な状態にすること。

の観点からリスクを分析し、守るべき情報から対策がとられているかを管理するマネジメントシステムです。

リスクには、

- **脅威**：不正侵入など外部からの意図的な脅威、USB置き忘れなど人為的なミスによる偶発的脅威、自然災害などによる環境的脅威、など。
- **脆弱性**：アップデートや更新プログラムをせず使用しているOSやソフトウェア、機密区分の識別がわからないもの、など安全が損なわれている状態のこと。

の2つがあります。

CIA面からの対策

CIA面からの対策を施し、社内セキュリティ・ルールを決め守らせます。

①Confidentiality（機密性）の対策：
・アクセスできる許可者をできるだけ少なくし、アクセス権を設けてアクセス制御する。
・アクセスする際のパスワードに関しては、安易な数字やアルファベットにしない、パスワードをメモして貼り付けない、同じものを使いまわししない、定期的に変更するなどを心掛ける。
・外部に持ち出す機器やUSBメモリなどには、暗号化を施す。
・離席する場合は画面ロックを設定しておく。
・クレジットカード情報は非保持化する。
②Integrity（完全性）の対策：
・クラウドサーバーなどでバックアップを自動的にできるシステムにする。
・OSやソフトウェアは常に最新バージョンにし、修正プログラムは適宜適用する。
・アプリケーションソフトをむやみにインストールしない。
・データを暗号化して利用・保管・送受信する。公開鍵と秘密鍵という別々の操作で暗号化・復号を行う。
・2段階認証でパスワードによるログイン後に認証アプリまたはメールアドレスなどに送られてくるコードを入力し、2度の認証を行うことで不正アクセスから守る。
・スパムメールは開かない。添付ファイルやURLリンクをクリックしない。
・共有設定を確認する。例えば、Web会議用アプリにはリモート制御で承認すると相手が自分のPCを共有操作できるものもあるので注意して使用する。
③Availability（可用性）の対策：
・システムダウンや災害後に素早く復旧できるようにデータを別の記憶媒体などにバックアップし、BCP（事業継続計画）対策をする。

5-14 テレワークの環境を整備する
——電子媒体の躾

オフィスだけでなく、いつでもどこでも誰とでも仕事ができるように環境を整備します。

ハード面の整備

オフィスと同じような仕事環境ができれば、テレワーク（在宅勤務、モバイルワーク、サテライトオフィス勤務）でも生産性が維持されます。ハード面であると望ましいものは、以下の通りです。

- **ノートパソコン**：ノート型であれば移動する列車の中や自宅などでも使えるし、カメラ・マイク・スピーカー（イヤホン）があればWeb会議もできる。
- **スマートフォン・タブレット**：音声通話はもちろん、社内メールの受送信、テザリング（ノートパソコンなどと接続しインターネット利用可能とさせる）などもできる。

ソフト面の整備

ソフト面から通信インフラ、モバイル環境の整備も必要となります。あると望ましいものは、以下の通りです。

- **メールアカウント**：チームで共用するのではなく、一人に一つのメールアカウントを与える（Web会議などをする場合必要となる）。
- **ビジネスチャット**：社内の情報共有、報連相の手段として手軽に利用できるコミュニケーション・ツールを活用する。
- **カレンダー・スケジュール管理アプリ**：チーム内、会社内の行事・タスク・外出予定・会議スケジュールなどを情報共有する。

・**インターネットFAX**：データのやり取りを電話回線ではなくインターネットを利用して行い、ファクスメッセージをEメールの添付ファイルとして受信する。

・**無線LAN／Wi-Fi**：無線LANはハブと端末機器（PC）を無線電波で接続するもの、Wi-Fiは無線LANの規格のこと。USB型の無線LANアダプター、ポケットWi-Fi、スマートフォンのテザリングなどで接続する。注意点は、公衆無線LANやフリー Wi-Fiスポットは、無料で手軽な反面、サイバーセキュリティの脅威があるので、社外ネットワークへの機器接続ルールをつくり守らせる。

・**セキュリティソフト**：定義ファイルは最新の状態にし、ウイルス対策、パーソナルファイアウォール、個人情報保護、迷惑メール対策、有害サイト規制などを行う。

・**クラウドサーバー**：データをネットワーク上のサーバーに置き、インターネット回線を介してデータの取り出し、保存、バックアップなどを行い、在宅勤務でもサーバー内のデータが自由に活用できるようにする。

・**Web会議**：インターネット回線でソフトウェアを活用しPC・タブレット・スマートフォンなどの端末で遠隔地点の相手とコミュニケーションをはかるものでイニシャルコストは安い。必要な設備は、カメラ付きのノートパソコン（タブレット・スマートフォンなども可）、インターネット接続環境、アプリ（Zoom,GoogleMeet,MicrosoftTeamsなど）があればよい。1対1でも複数人でも音声・モニター画像・PC画面の共有、ホワイトボードでの討議などができる。対社内のみでなく対社外とでも可能で顧客との商談や打合せにも使える。

・**テレビ会議**：本社と支店・工場・サテライトオフィス間などで高画質・音質のシステムで利用されるもので、カメラ・マイク・モニターなど高額な専用機材が必要となるので、在宅勤務での活用には向かない。

5Sは捨てる・やめる技術

　オフィスの5Sは、一言で言えば捨てる・やめる技術だと言えます。同一課内で重複している文書、一時的な印刷文書、問い合わせなどのメモ書き、会議議事録、資料作成の際集めた情報など、使わない文書・もしかしたら使う文書・たまに使う文書というような分け方ができますが、いつか使うだろうということで保管しておいても結局使わなかったということがほとんどではないでしょうか。1年経過した文書の利用率はわずか1%という統計もあります。

　xつまり、勇気を持って書類を捨てる、従来から慣例となっている書類の作成を思い切ってやめるということができるかが鍵です。

第6章

仕事の5S

5S は通常、製造現場であれば製品・仕掛品・治工具・金型・収容箱・パレットなどのモノが対象となり、オフィスであれば書類・ファイル・文房具・雑誌・新聞などのモノが対象となります。

しかしながら、これら物理的なモノだけが 5S の対象ではありません。

5S の範囲を広く捉えることによりムリ・ムラ・ムダが大きく削減され、その効果も大きくなります。

6-1 5Sの対象は物理的なモノだけとは限らない

5Sの対象は物理的なモノ以外に、広げていきます。

場所の5S

モノの5Sをすることで**活スペース**（新たに創出された有効な場所）が生まれます。

活スペースができれば、製造ラインの流れ化や機能的なレイアウトが容易となり、生産性が増します。また、余った土地・建物・倉庫などを返却・売却することも可能となります。

情報の5S

情報化社会でいろいろな情報が氾濫していますが、本当に必要な情報はそう多くはありません。これはいつか使うだろうと溜めておいた情報でも、1年間1回も使わなかったというものがほとんどではないでしょうか。

的を射ない情報や曖昧な情報から、情報を加工したり、意思決定を下したりすれば、時間のムダになり、経営判断にも悪影響を及ぼします。不要な情報はどんどん処分し、必要な情報をいつでもすぐに取り出せる環境を整えていきます。

スキルの5S

時代や環境の変化と共に求められるスキルも変わってきます。ガソリン自動車が電気自動車や燃料電池に代われば、新たな技能技術を身につけなければ競争から取り残されます。

オフィスにおいても、そろばんから電卓、パソコンという流れの中で、新たなスキルを習得していかなければ、時代に取り残されます。今現在、および近い将来に必要となるスキルを見極め早めに身につけさせます

場所の5S

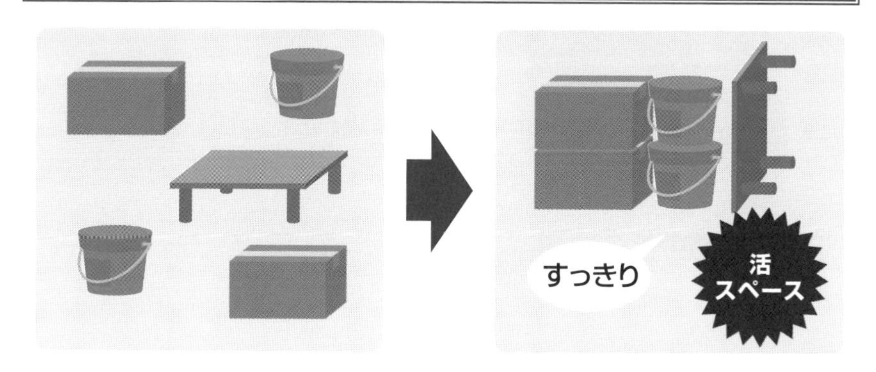

情報の5S

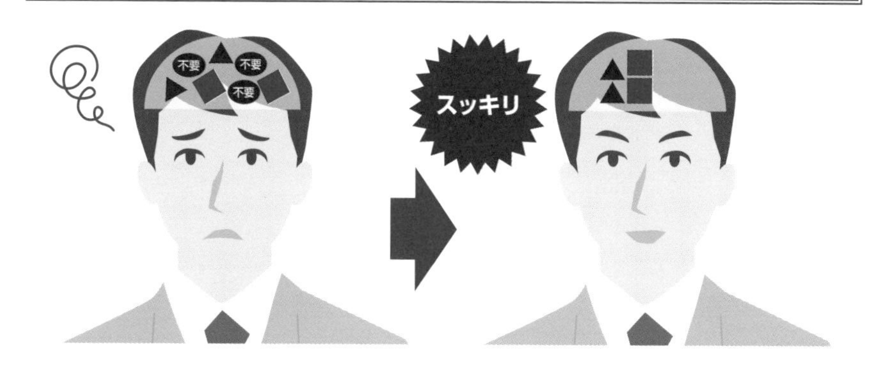

スキルの5S

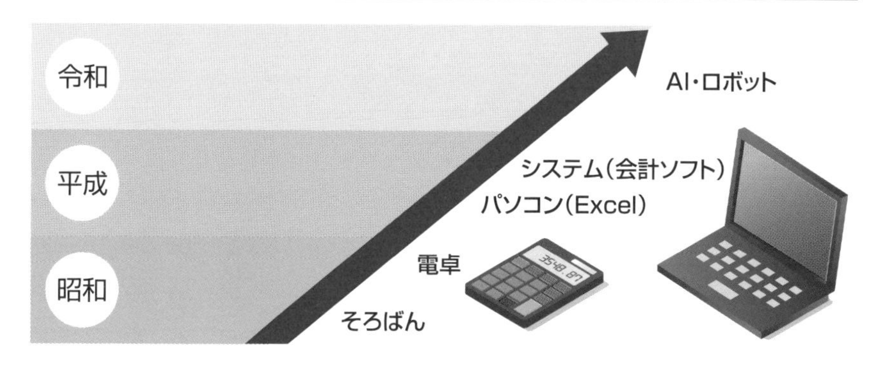

6-2 オフィスワークの環境

仕事そのものは、スタッフ機能の事務・開発業務から生まれていきます。

オフィス業務の仕事環境

オフィス業務、所謂ホワイトカラー業務には、以下のような特徴があります。

・仕事が属人化している
・情報共有ができていない
・業務の標準化がしにくい
・毎回異なる単純作業が多い
・異常と正常の判別がつきにくい
・後始末的な仕事や後追い的管理に追われる
・仕事量や繁閑が見えない
・仕事の負荷と余力がわからない
・仕事のQCDSが見えない
・自分勝手に仕事をつくってしまう
・目的が見えないまま作業のみしている
・身体的ストレスが見えにくい
・過去からの仕事のやり方をなかなか変えられない
・机上で仕事をし、現場が見えていない　　など

オフィス業務の生産性

労働生産性は、労働者1人当たりで生み出す成果、あるいは労働者が1時間で生み出す成果を指標化したもので、

> 労働生産性
> ＝OUTPUT（付加価値額または生産量など）
> ÷INPUT（労働投入量[労働者数または労働者数×労働時間]）

の算式で求められます。

日本生産性本部の「日本の労働生産性の動向2019」によると、

> ・時間当たり労働生産性＝46.8ドル（4,744円）で、OECD加盟36カ国中21位
> ・1人当たり労働生産性＝81,258ドル（948万円）で、OECD加盟36カ国中21位
> ・製造業の労働生産性＝98,157ドル（1,104万円）で、OECDに加盟する主要31カ国中14位

となっており、先進7か国の中で最下位の状況が続いています。

製造現場の生産性が良くてもオフィス部門が全体の足を引っ張り、トータルで企業価値を低下させることにもなりかねません。

6-3 仕事そのものの5S

仕事そのものにメスを入れます。

モノを生み出す根源は、仕事そのもの

物理的なモノを生み出す根源は、そのモノを生み出すことを指示した仕事そのものに他なりません。仕事そのものが､生産指示となって製品ができ､業務指示（依頼）となって書類や図面ができていきます。つまり、物理的なモノの5Sを根本的にしたいのであれば、その元となる仕事そのものにメスを入れなければ、その解決は図れません。

仕事の5S

仕事そのものの5Sとは、以下の通りです。

①**仕事の整理**：顧客（後工程）にとって価値のあること／ないことを区別して価値のないことをやめる。ムダな作業、業務、プロセスなどを排除する。

②**仕事の整頓**：誰でも作業を正しく早く楽に安く適切に行えるように標準化する。仕事のムリ、ムラを排除する。負荷や能力の平準化を図り、作業を適切に行えるようにする。

③**仕事の清掃**：ミスやエラーのない環境をつくり維持する。作業が常に適切に行われるように継続的に改善を行う。

④**仕事の清潔**：仕事の状況・状態を見える環境をつくり異常を見える化することで日常管理を維持する。

⑤**仕事の躾**：価値（効果）を体感し、改善を習慣化する。現場力向上と自ら考え行動する社員の育成を行う。

モノの5Sと仕事の5S

モノの5S			仕事の5S	
要るものと要らないものに区別して要らないものを処分すること	**モノの整理** ≒捨てる		**仕事の整理** ≒やめる	顧客にとって価値のあること／ないことを区別して価値のないものをやめる（体質改善）
要るものを使い易い場所にきちんと置くこと	**モノの整頓** ≒誰でもわかる		**仕事の整頓** ≒誰でもできる	誰でも作業を正しく早く楽に安く適切に行えるようにする（標準化）
身の回りのものや職場のものをきれいにして、いつでも使えるようにする。	**モノの清掃** ≒整理整頓された環境の維持	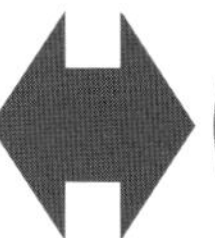	**仕事の清掃** ≒ミス・エラーのない環境づくり	ミスやエラーのない環境をつくり維持すること（信頼性向上）
誰が見てもきれいにし、きれいな状態を保とうという気持ちにさせる。	**モノの清潔** ≒悪さに気づき行動を起こす		**仕事の清潔** ≒異常に気づき行動を起こす	仕事の状況・状態を見える環境をつくり異常を見える化することで日常管理を維持する（行動）
職場のルールや規律を守る	**モノの躾** ≒習慣づけ		**仕事の躾** ≒改善の習慣づけ	価値（効果）を体感し、改善を習慣化する（現場力向上と自ら考え行動する社員の育成）

6-4 不要な仕事をやめる ——仕事の整理①

モノの整理は要るものと要らないものを区別して、要らないものを処分することでしたが、仕事の整理とは、顧客にとって価値のあることと／ないことを分け、価値のないことをやめます。

不要な仕事をやめる

モノの整理は、要るものと要らないものに区別して要らないものを処分することでしたが、仕事の整理も同様に、要らない仕事を徹底的にやめます。要る／要らないという判断は、まず組織（自分）の視点から行います。例えば、何か集計して1枚のデータシートを作成する業務があったとして、それが本当に必要なものなのか、本当に使われているのか、単に過去の慣例からつくっているものではないのか、といった観点から検討し、どんどんやめていきます。これら組織（自分）にとって必要でないものは、顧客にとっても価値のないものであり、**組織のムダ**として徹底的に排除します。

顧客の視点から価値の有無を判断する

組織（自分）の視点と顧客の視点からお互いに必要なものは、**付加価値**です。付加価値は組織にとって必要なものであると同時に顧客にとっても価値のあるものであり、顧客は組織に対し対価を払ってくれます。顧客とは、ユーザーのみでなく後工程も含まれます。自分たちの組織にとって、誰が顧客かを定義し、顧客の視点に立ちます。

顧客にとって価値のないものでも、組織として必要でやむを得ず行っている、組織にとって必要なものという領域があります。これが**顧客のムダ**です。例えば、顧客がインターネット回線をすぐに引いて欲しいという要求に対し、組織としては、受付を1日単位で集め、次工程で翌日まとめて入力作業し、機材を1週間単位で発注し、工事は周辺の2 ～ 3件がまとまってから行うというような組織（自分）の都合で仕事をすれば、結局回線が引けるのは3週間後というようになってしまいます。これら組織にとって必要なものとして行っているロットでまとめたり、工程をいくつかに分けたり、納期がかかったりするという、顧客が価値を認めてくれないものを少しでも削減することで大きな効果（企業競争力）が生まれます

顧客の視点から価値の有無を判断する

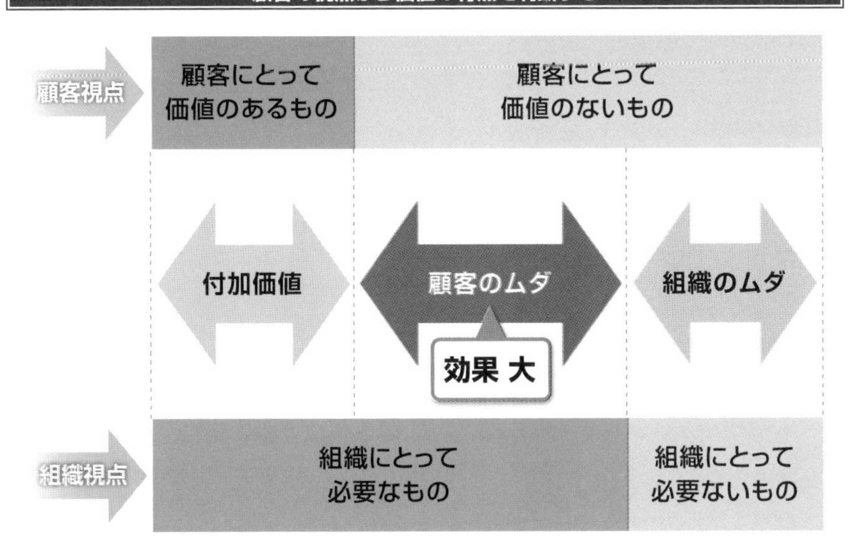

COLUMN ワークアウト

ワークアウトは、1990年代にGEにおいてジャック・ウェルチ氏が進めた手法です。ワーク（仕事）をアウトする、つまり仕事をなくす、やめることです。業務の棚卸しなどをし、優先順位の低いものは思い切ってやめていきます。

6-5 業務の棚卸 ——仕事の整理②

仕事の整理をしていく上で、誰がどのような作業をどれほどで行っているのか現状把握します。

業務の棚卸

現在、組織において行っている作業を洗い出します。洗い出す中でいろいろなムダが見えてきますので、不要な仕事をやめます。

業務の棚卸の進め方は、以下の通りです。

①組織で働く各個人が行っている作業を抽出する。

・初めは大項目・中項目レベルでよいので抽出する。

・他のメンバーと作業内容を共有して、細かくしていく。

②実際に業務を行っていく中で、抽出されていない小項目レベルまで作業を見つける。

・1週間程度、各自が日々行った作業を記録し、1日の終わりに抽出されていない作業がないか確認する。

③洗い出した作業を業務の類型に分けする。

・企画系＝戦略・戦術などを立案し、新たな付加価値を創造していく本来業務。**フロントオフィス業務**とも呼ぶ。

・管理系＝人・モノ・カネ・情報などの管理、組織内部の調整、手配などの業務。**ミドルオフィス業務**とも呼ぶ。

・定型＝繰り返し性のあるルーチン化された定型業務。**バックオフィス業務**とも呼ぶ。

④それらを付加価値レベルで評価する。

・高＝売上・利益直結する仕事。CS、ESを直接高める仕事。社会的信頼を直接高める仕事（例：顧客への提案、社員エンゲージメントを高める制度構築、顧客情報流出防止改善など）。

・中＝高付加価値業務の成否を直接左右する計画、管理、改善·対策の仕事（例:顧客提案のための企画、制度構築のためのプロジェクト管理など）。

・低＝高・中付加価値業務に付帯的に発生する仕事、トラブルの対応（例：企画書の清書、会議開催の連絡、計画遅れに対する対策、機械化可能な作業）。

⑤工数（作業時間）を見積る。

・各作業に社員や非正規社員がどれほどの時間を費やしているか累計する。

業務の棚卸

人事部							現状の雇用形態構成					
No.	業務				業務の類型	付加価値	中堅社員	一般社員	派遣契約	パート バイト	請負	計
	大項目	中項目	小項目	工数計／業務内容			340	1130	300	0	0	1770
	人事	人材開発	人材開発体系の確立	必要とする人材像とその人材開発を開発するための施策体系の明確	企画系	高	80					80
			全体研修の企画·計画	全体を対象とした研修を企画·計画する	企画系	高	40					40
			キャリアプランと目標管理の準備	個人毎のキャリアプランと目標設定、実施の基準、メニュー·ツール準備	管理系	中	40	40				80
			キャリアプランと目標管理の実施の説明	キャリアプランと目標設定とその管理の説明	管理系	中	40	120				160
			キャリアプランと目標管理の取り組み進捗管理	個人毎のキャリアプランと目標達成に向けた取り組みの進捗管理	管理系	中	40	220				260
			キャリアプランと目標管理の取り組み結果の集計と評価	取り組み結果のデータ収集と評価、見直し	管理系	中	40	120				160
			個別研修の企画	研修対象や内容、スケジュールを決める	企画系	高		200				200
			研修参加者の募集	研修に参加する人を募集する	定型	低	50	200				250
			研修の準備	研修のためのテキストや資料の準備、会場や備品の手配を行う	定型	低			300			300
			研修の実施	研修を実施する	定型	低		160				160
			研修の評価	研修参加者における効果を把握する	管理系	中	10	70				80

6-6 ムダをオモテ化する――仕事の整理③

仕事におけるムダを表（オモテ）に出します（オモテ化する）。

ムダ抽出

オフィス業務では、暇な時に作らなくてもよいものまで作ってしまったり、そこまで過剰にやらなくてもよいものまで丁寧にやってしまったり、人が簡単に仕事をつくれる環境にあります。その結果、何でこんな作業をしているのか疑問を持たずに言われたまま後世に引き継がれていくことがよく起こります。それらは、自分では当たり前と思っていても、他者から見ればムダというものも多くあります。

そこで、相互にムダを見つける場をつくり、過去の延長線上のやり方をよしとせず、ムダを抽出していきます。

ムダを見つける（ムダに敏感になる）

目的追求意識

ムダを見つける際の着眼点は、この仕事の**目的**は何かを考えることです。

①何のためにやっているのか？
②誰に向けた仕事なのか？
③いつから行っているのか？
④今必要なのか？
⑤なぜ必要か理由を説明できるか？
⑥今のやり方で目的を達しているか？
⑦制度を根本から検討しなくてよいか？

目的が曖昧なものはやらなくてもよい仕事かもしれません。

動的手順書で手順を洗い出す

作業の進め方は人によりまちまちです。しかしながら、その進め方の中にムダが潜んでいます。1つの作業を細かく**要素作業**に分割し、付箋（ポストイット）を用いた**動的手順書**で一覧にすることで人によるバラツキが見える化され、不要な作業も見えてきます。

動的手順書

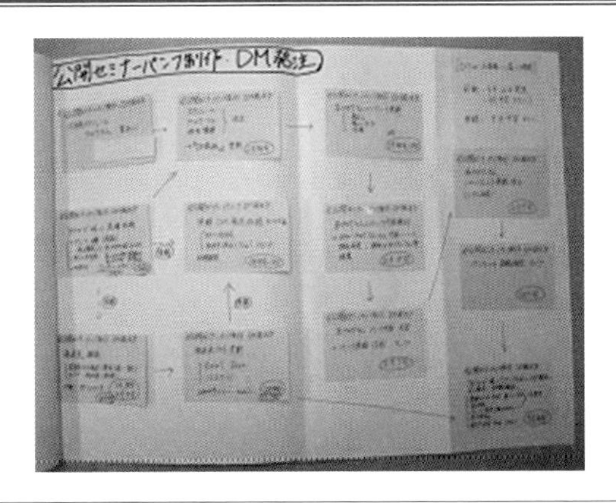

6-7 フローチャートでムダを排除する ——仕事の整理④

選定した業務に対する暗黙知を明らかにします。

作業の流れを洗い出す

一つの業務が完結するまでには、様々な作業があります。個人の中で済むものもあれば、部門をまたいで加工や承認を加えるようなものまであります。このような中、まずは選定した業務に対する作業の流れを明らかにします。付箋を用いて各人の作業内容を思い出しながら列挙したり、作業があるたびに1枚ずつ書いて行ったりして、1件1枚で抜け漏れなくします。

例えば､交通費精算業務では､営業部のAさんは「交通費精算開始」「訪問先抽出」「区分・路線・区間・金額・日当・宿泊料の算出」……というように列挙します。一方で、経理部のBさんも「交通費検査」……といように列挙します。

作業を洗い出す

●付箋（ポストイット）に各人の作業の流れを明らかにする

（例）交通費精算業務

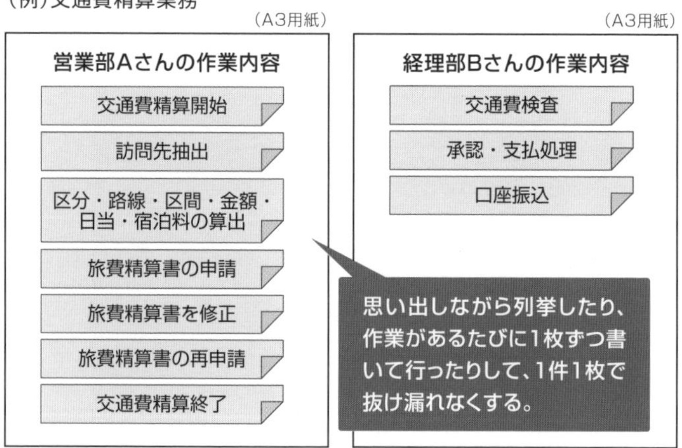

洗い出した作業を統合する

各人が列挙した作業内容をまとめます。例えば、交通費精算業務では、営業部と経理部が関係しますので、お互いの作業内容を合体させます。その過程で作業の抜け漏れがあれば、付箋にて加えていきます。

また、複数人で同じ仕事を行い、人によるバラツキの多い業務では、各人の作業内容や手順を統合して比較します。

実物を付け加える

やり方・手順が明らかになってきましたが、自分の中でわかっていても一緒に改善するチームメンバーの第3者にはまだわかりにくいので、実物の資料、帳票、成果物などをプリントアウト、或いは画面コピーして付け加えます。そうすることで、誰がどのような手順でどのような作業をしているのか、どのような成果物をつくっているのかという全体像が明らかになります。

実物を付け加える

● 実物の資料、帳票、成果物などをプリントアウトや画面コピーして付け加える。

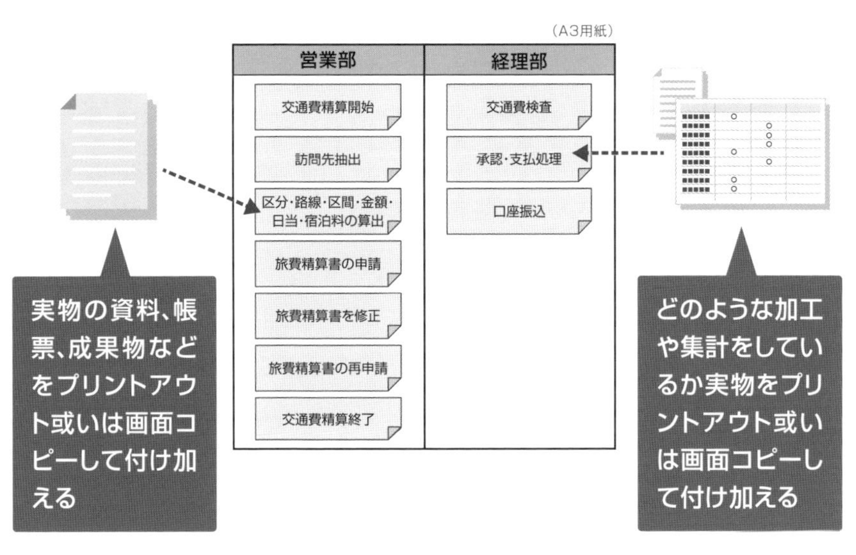

作業時間（工数）を明らかにする

付箋で洗い出された作業に対し、どれほどの時間がかかっているかを明らかにします。正確な時間を算出する必要はないので大まかな作業時間（工数）を明らかにします。そこで、AさんとBさんに大きな差が生まれている作業があれば、時間がかかるようなやり方・手順が隠されていることもあるので、それを明らかにします。

作業時間（工数）を明らかにする

●1つの作業にかかる大体の時間を算出する

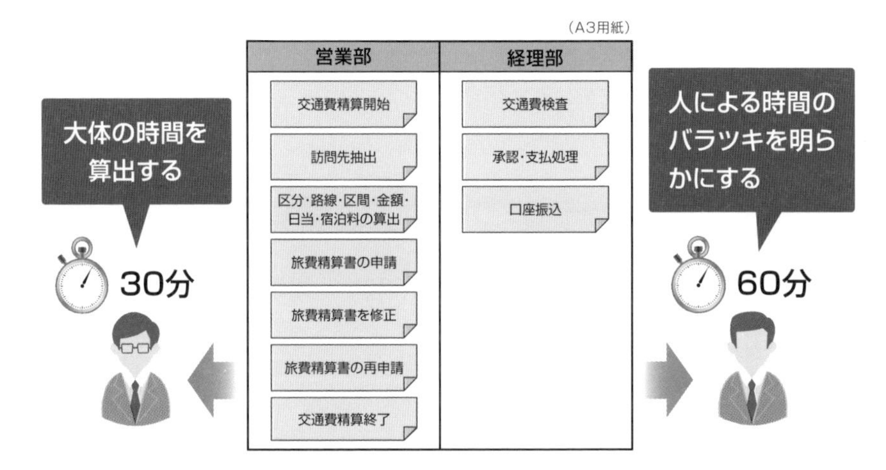

フローチャート記号で流れを整理する

ここまでである程度作業の流れが見えてきたら、フロー図にしていきます。いきなりきれいにフローチャートを書くのではなく、A3用紙に貼られた付箋にペンでフローチャート記号を枠取りします。フローチャート記号は、図形の種類を増やし過ぎないようにし、条件分岐は明確にします。

フローチャート記号で流れを整理する

● 作業内容にペンでフローチャート記号を枠取りする。

記号(例)	記号の意味
	端子(開始/終了)
	作業、処理
	分岐、判断
	入出力
	システム
	書類

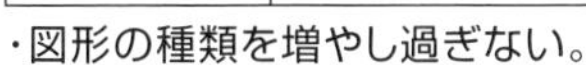

・図形の種類を増やし過ぎない。
・条件分岐を明確にする。

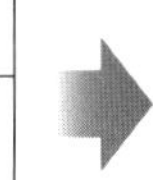
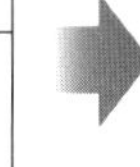

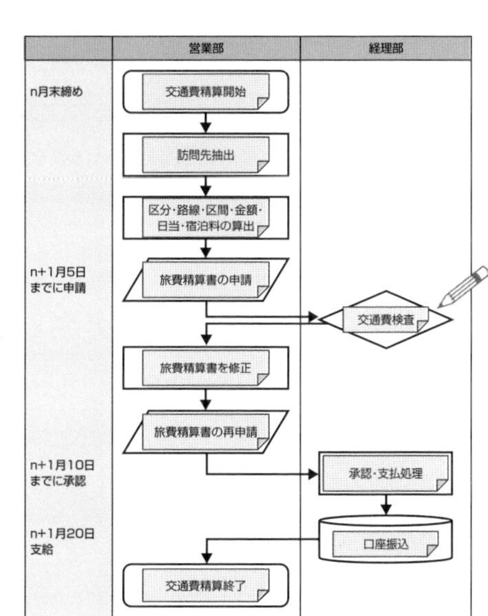

フローチャートにする

　最後にフローチャートにします。縦軸に時間軸を入れると業務開始から終了までのリードタイムとなります。また、付箋に書かれた作業時間を合計すれば、本業務における総工数も把握できます。

ムダの発見

先輩からの引継ぎや過去の延長線上でずっと行われてきたやり方、固定観念で自分では良かれと思って行っていること、など同じことを繰り返していると、それが当たり前になってしまいます。第3者から見れば「なんてムダなことをしているのだろう？」ということも本人からすれば、それに気がつきません。ですから、一人で考えるのではなく、複数人でムダ発見することが大切です。その作業の経験値や知識がない人でも構いません。むしろあると同じ目線になってしまいムダが見えにくくなりますので、客観的に見られる第3者の方がベターとも言えます。

フローチャートから見えてくるムダ

個人の中に隠れていた仕事のやり方がフローチャートで明らかになることにより、ムダが認識でき**ECRSの原則**などを用いた改善に進むことができます。例えば、

・ムダなペーパーをつくっている　⇒なくせないか
・データの再入力をしている　⇒なくせないか
・手直し、修正作業が多い　⇒なくせないか
・手書きや手計算のような手作業をしている　⇒なくせないか
・同じような資料をあちこちでつくっている　⇒統合できないか
・部門をまたぐとソフトが変わって打ち直ししている　⇒統合できないか
・部門間の往復が多くて停滞や滞留が生じている　⇒並べ直しできないか
・作業時間（工数）のバラツキの大きな作業がある　⇒単純化できないか
・開始から終了までのリードタイムが長い　⇒単純化できないか

などが出てくるので、一番効果のある「なくす」改善から考えていきます。

フローチャートから見えてくるムダ

●気づいたムダを見える化する。

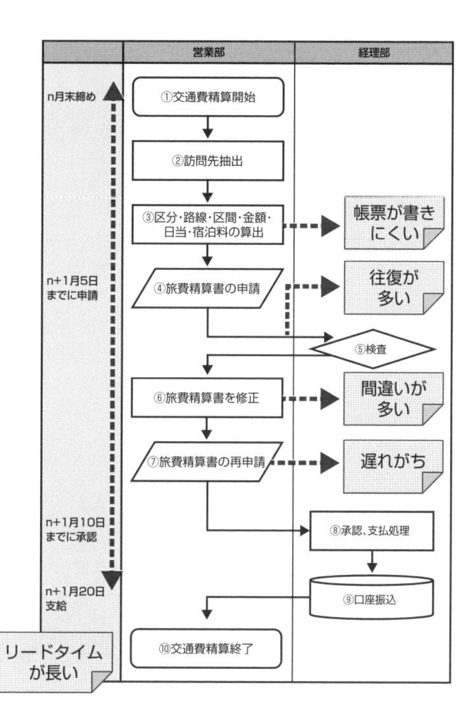

6-8 RPAで業務を整理する
――仕事の整理⑤

カネをかけずにすぐにできる改善から始め効果が出てきたら、更に仕事の生産性を高めるための機械（システム）化で人の作業をなくす改善を行います。

RPA（ロボットによる業務自動化）を用いた機械化

RPA（Robotics Process Automation）は、ロボットがホワイトカラーの間接バックヤード業務を補完することを指したものです。メリットとして、

・人間にしかできないとされてきた仕事をロボットが代行できる。
・決められた方法・ルールに従いデータを自動的に処理できる。
・人につきもののヒューマンエラーによるミスがなくなり、正しく早くできる。
・低いコストで導入でき、人件費削減ができる。
・人手不足を補いながら、オフィスの生産性向上ができる。
・人間はより創造性や付加価値の高い仕事に資源を集中できる。

などがあげられます。

人の仕事からRPAへ

人の仕事は、

・視覚・聴覚・触覚・味覚・臭覚の五感を使って認識すること。
・知識や経験をもとに思考すること。
・物事の状況・状態をとらえて判断すること。
・日々刻々と目まぐるしく起こる変化をみながら修正すること。

など、いわゆる頭を使って最適な解と行動に結び付けることが特徴です。

一方、ロボットは、

- 選択肢の中から指示されたものを選択すること。
- 決められた手順・操作に従って処理を行うこと。
- 決められた数式や演算に従って計算すること。
- データを集約して傾向や特徴を分析すること。
- 決められたルールに従って同じことを何度も同じように繰り返すこと。

などが特徴となります。

このような中、少子高齢化社会における労働力不足から、人の持つこのような高度な能力を創造性豊かなより付加価値の高い仕事に割り当て、単純で簡単な作業はできるだけロボットに置き換えていこうという動きになっています。

そのためには、

- 人によるやり方・手順のバラツキをなくし、**標準化**する。
- 人にしかできない例外処理をつくらないようにし、**簡素化**する。
- ルールの脆弱性による意思決定の多様性をなくし、**単純化**する。
- 複雑な選択肢をシンプルにし、**構造化**する。

ようにしていかなければなりません。

6-9 RPAのための業務設計 ——仕事の整理⑥

ロボットが判断できるように仕事を標準化・簡素化・単純化・構造化します。

RPAの進め方

RPAを行うには、**業務フローチャート**をベースに、以下の6ステップで業務設計します。

①**準備**：対象業務の選定、目的の明確化、現状把握、目標設定、開始と終了決定をする。
②**業務の棚卸と流れの設計**：対象業務に関する作業を洗い出し、RPAを取り込んだ流れを設計する。
③**フロー図の作成**：記号を共有し、シートに開始～終了までの流れを作図する。
④**判断基準・異常処置の設計**：暗黙知となっている判断基準や異常処置を洗い出す。
⑤**RPAと人の作業のまとまり化改善**：判断待ち、処理待ちのない、めざす姿に近づける。
⑥**効果の確認と規定類の変更**：効果を確認し、規定類の変更が必要なものを改定する。

となります。それでは、以下で説明して参ります。

ステップ①準備

まずは、対象業務を選定します。RPAに向く業務がありますので、それを選定します。

ステップ①準備：対象業務の選定

対象業務の選定

- 作業時間が絶対的に多い業務
- 多くの人が同様の作業を行う業務
- 日常繰り返し作業の多い業務
- 単純作業で付加価値の低い業務
- ヒューマンエラーの多い業務
- 人によるバラツキの大きい業務
- 定時内で処理できず時間外となるような業務

例えば、

【経理・会計】・売上集計/経費精算業務
・売掛/入金業務
・買掛/支払業務
・資産管理業務
・決算処理業務

【総務・人事】・勤怠管理業務
・給与計算業務
・人事考課業務
・採用業務

【営業・購買】・販売/売上確認業務
・契約/受注業務
・発注/購買業務
・出荷/請求業務
・市場調査/顧客登録業務

【製造・開発】・在庫管理/生産管理業務
・現場帳票の集計/分析業務

【IT】・データバックアップ業務
・バッチ処理業務

など

次は、目的の明確化です。何のためにRPA導入をするのか？　生産性向上なのか、品質向上なのか、コスト削減なのか、それ以外のものなのか？　業務フローチャート作成においては、作業者にそれなりの工数や負荷がかかります。ともすれば、仕事が忙しい、面倒くさいなど様々な理由をつけられ、非協力的になりがちです。投入する労力に対し、どのようなメリットがあるのか。これをやらないとどのようなデメリットが生じるのか。各作業者に狙いや意義を伝え、真摯に取り組んでもらうようベクトルを合わせます。

次は、現状把握です。何人で月何時間の工数を要しているか？　ミス件数や手直しや確認作業工数は？　外注人件費や時間外労務費は？　など目的に対する現状をできるだけ定量化して把握します。

次は、目標設定です。例えば、月当たり総工数500時間を100時間へ、顧客への流出クレーム月10件をゼロへ、時間外労務費月100万円をゼロへ、など現状把握で得られた数値に対し、何を（項目）、いつまでに（期限）、どれだけ（目標値）を明確にします。

ステップ①準備：目的の明確化・現状把握・目標設定

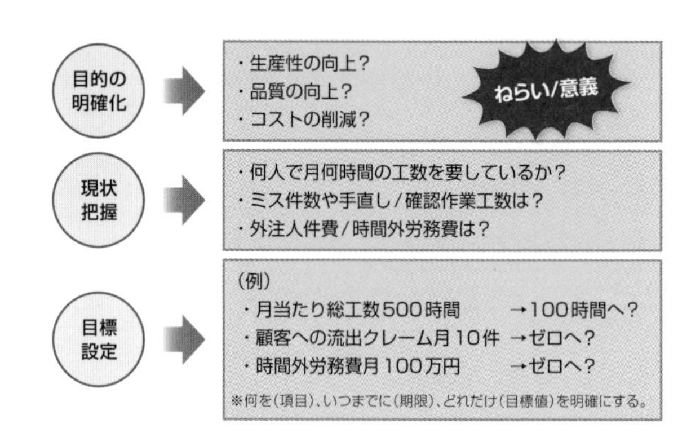

更に、続いて選定した対象業務の開始と終了を決めます。例えば、営業マンの交通費精算業務を対象業務とした場合、当月末締めで交通費精算開始が開始となり、当月分交通費口座振込が終了となります。

ステップ①準備：開始と終了の決定

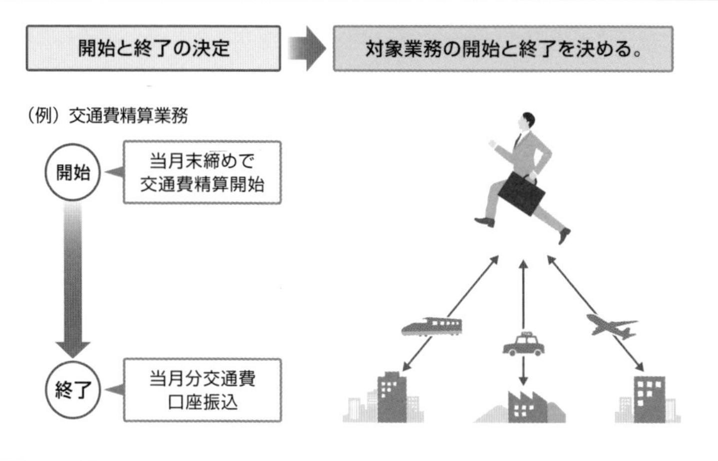

ステップ②業務の棚卸と流れの設計

対象業務に対する現状の作業を同じレベルで洗い出します。先ほどの事例、交通費精算業務の場合、当月末締めで交通費精算開始が開始でしたので、そこから当月分交通費口座振込の終了までの具体的な作業を1つずつカード（付箋）にしてA3用紙に貼り付けていきます。

ステップ②業務の棚卸と流れの設計：対象業務の棚卸

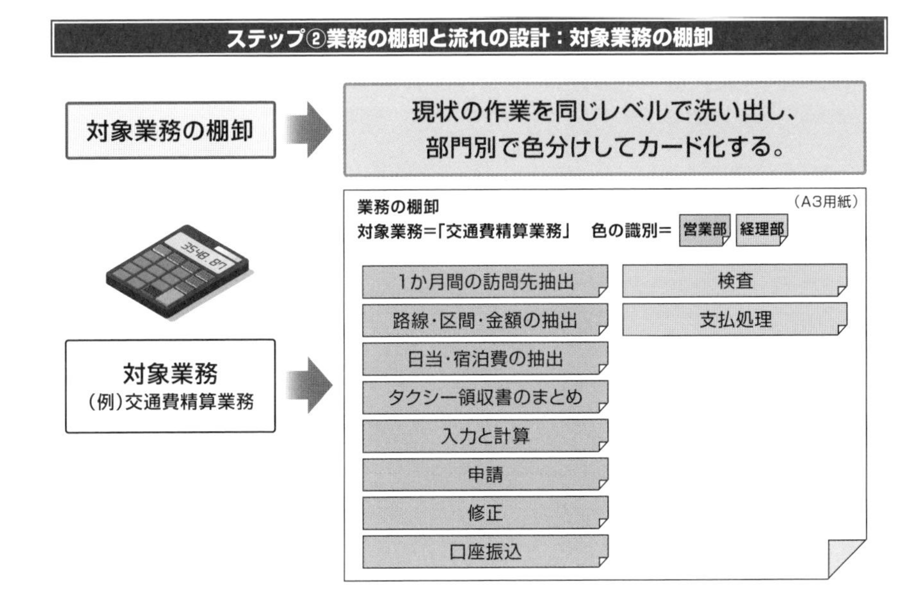

次は、流れの設計です。先ほどの業務の棚卸でカード化した作業をもとに、新たに流れを設計します。その際、今の作業をRPAに置き換えるというより、RPAに合わせるように作業のやり方を変えていくスタンスで流れをつくります。RPAは、データベースをもとに選択を行ったり、例外処理があればその都度人が関与したりしますので、選択肢や例外をなくせないか、少なくできないかという視点で、標準化・簡素化・単純化・構造化をはかります。データベースの数や入力画面をイメージしながら、縦軸に時間軸、横軸にスリムレーン（部署）を取り、RPAの作業と人の作業を分けて、流れを設計します。

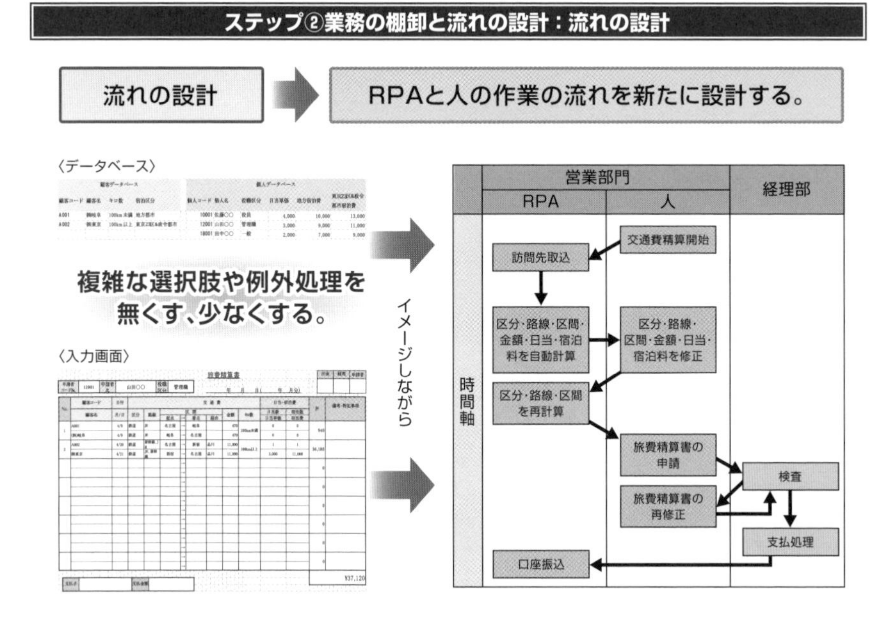

ステップ③フロー図の作成

まずは作図するための準備です。フローチャートには、決まった記号がありますので、どの記号をどこまで使うのか明らかにします。

次に、フローチャート作図シートを準備します。ここでは、縦軸に時間軸、横軸にスリムレーン（部署）を取り、RPAの作業と人の作業を分けて記入するようにし、更に右隣に、詳細として判断基準と異常処置が記入できるシートにします。

ステップ③フロー図の作成：作図の準備

作図の準備

記号を共有化し、シートを準備する。

記号(例)	記号の意味
（角丸四角形）	端子 (開始/終了)
（四角形）	作業、処理
（ひし形）	分岐、判断
（平行四辺形）	入出力
（円柱）	システム
（書類形）	書類

・図形の種類を増やし過ぎない。
・条件分岐を明確にする。

スイムレーン／時間軸	部門			詳細	
	営業部		経理部	判断基準	異常処置
	RPA	人			
記号の意味	開始/終了　作業　分岐・判断　入出力　書類　システム				

次は、フローの作図です。流れの設計で作成したカードを記号化していきます。記号内には、ナンバーと作業内容を記入し、開始～終了までの流れを作図します。判断・分岐箇所は、矢線が複雑になりがちですので、分かりやすく表現します。ワンベストで1枚に収まるようにして、フローを完成させます。

ステップ③フロー図の作成：フローの作図

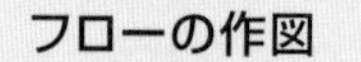

記号内にNOと作業内容を記入し、開始～終了までの流れを作図する。

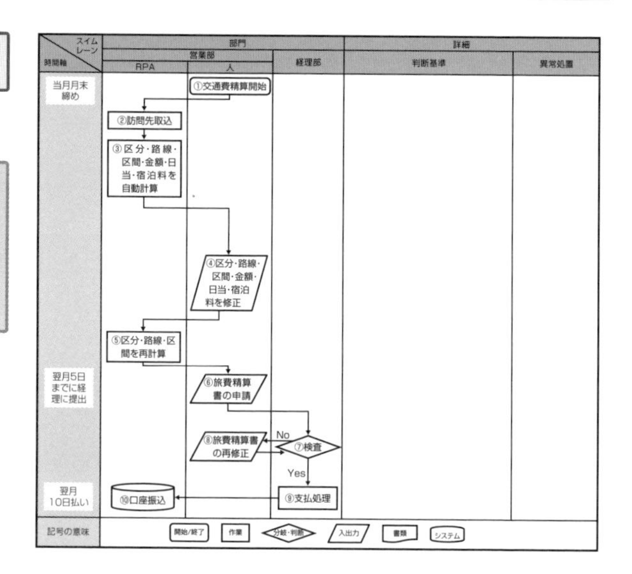

ステップ④判断基準・異常処置の設計

まずは、判断基準の設計です。人によるやり方･手順のバラツキ、例外処理、ルールの脆弱性、複雑な選択肢、などへの対応は、人にしかできない仕事です。それをロボットにさせるためには、RPAが判断できるような基準をつくります。こういう場合は、こうしろと具体的な指示命令に落とし込むための判断基準を明確にします。

判断基準が複雑になれば、フローやRPAも複雑になりますので、できるだけシンプルな基準をつくっていくことが肝要です。

次は、異常処置の設計です。例外となる異常処置を洗い出します。全てをロボットにやらせるのではなく、異常があれば、人が介入して処置を行うというものです。これも異常が多ければ、その都度作業が停滞し、処理待ちが発生するので、異常ができるだけ少なくなるように作業のやり方を見直します。

ステップ④判断基準・異常処置の設計

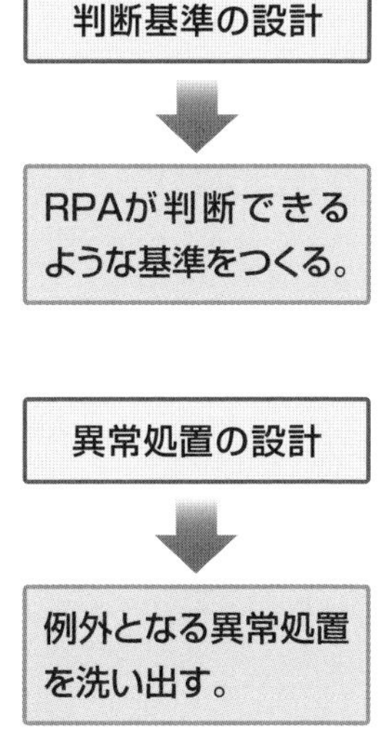

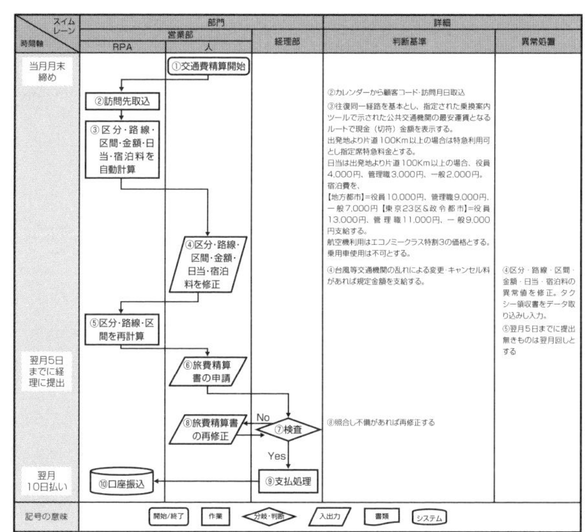

ステップ⑤RPAと人の作業のまとまり化改善

フローをやってみて直しながら、めざす姿に近づけます。めざす姿は、

> ①先に人が段取りする。
> ②RPAが一気に処理する。
> ③人が承認や異常処置して終わる。

という**プロセスの集約化**です。途中で判断待ち、処理待ちで寸断（停滞）させないために、作業をまとまり化させます。

ステップ⑤RPAと人の作業のまとまり化改善

まとまり化改善 → フローをやってみて直しながら、めざす姿に近づける。

めざす姿

先に人が段取りする ▶ RPAが一気に処理する ▶ 人が承認や異常処置して終わる

プロセスの集約化（まとめる）　プロセスの集約化（まとめる）　プロセスの集約化（まとめる）

途中で判断待ち、処理待ちで寸断（停滞）させないこと!

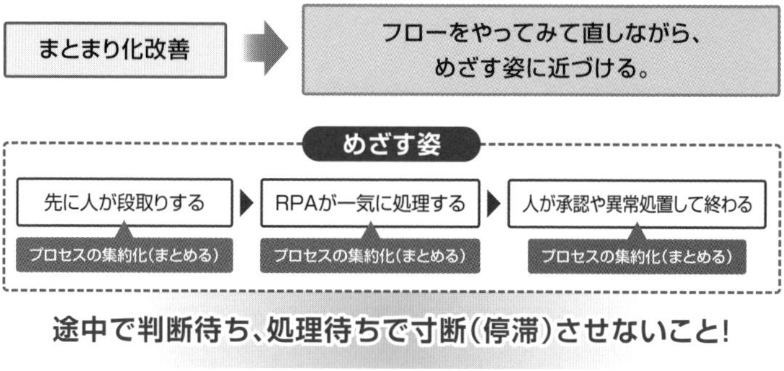

まとまり化改善の結果をフローに織り込み、フローチャートを完成させます。

ステップ⑥効果の確認と規定類の改定

業務フローチャートにもとづくRPAが導入された段階で、効果の確認を行います。当初の目標＝何を（項目）、いつまでに（期限）、どれだけ（目標値）ということに対する結果を確認します。結果が思わしくないようであれば、再度フローの見直しを行い、業務を改善します。

最後は、規定類の改定です。RPAに基づき仕事のやり方が変われば、規定類の変更が必要なものもでてきます。そこで、**就業規則**、**職務規定**、**社内ルール**などを改定します。

ステップ⑥効果の確認と規定類の改定

目標＝何を（項目）、いつまでに（期限）、どれだけ（目標値）に対する結果を確認する。

（例）・月当たり総工数500時間　→100時間へ？
・顧客への流出クレーム月10件　→ゼロへ？
・時間外労務費月100万円　→ゼロへ？

どうなったか？

規定類の改定

RPAに基づき仕事のやり方を変え、規定類の変更が必要なものを改定する。

・就業規則
・職務規定
・社内ルール　など

業者にRPAを丸投げし、今行っているムダの多い業務をそのままシステムに移行すれば、例外処理作業などが入り複雑になりますので、丸投げするのではなく、何をロボット化すべきか、どのような規則・規定類を改定すれば業務が効率化するのか、など自分たちで仕事のプロセスをブラックボックス化せずに明らかにすることが大切です。

6-10 個人仕事からチーム仕事へ——仕事の整頓①

仕事の属人化・個人管理からの脱却をします。

仕事の整頓が必要な背景

オフィス仕事では、仕事が小粒化・孤立して個人仕事が多くなり、能力差の拡大や負荷の集中、仕事量のバラツキなどを生みます。

その結果、我流、マイペース、一匹狼を生み、仕事の属人化・個人管理化が激しくなります。

チーム仕事の必要性

個人仕事をそれぞれがやっていたのではシナジーは生まれず、ひとたび仕事ができる人が退職すれば途端に組織能力は低下してしまいます。仕事品質や生産性を高めるためには、このような個人仕事を脱却し、**チーム仕事**にやり方を変え、属人化している個人の技能、能力、知見、管理手法などを共有していかなければなりません。

それが、所謂**標準化**です。標準化が進めば、忙しい人の仕事を暇な人に振り分ける負荷の平準化も可能となります。

双方向での標準化

標準化には、2つの方向性があります。

一つ目は、仕事のやり方・進め方という**方法・手順**です。AさんとBさんのやり方の違いを表準で明らかにし、ベストなやり方を標準にします。その標準通りに作業すれば、仕事の質が高まるようになります。

もう一つは、**スピード**という作業時間（工数）やリードタイムです。ある作業を行うのにAさんは30分でできるけどBさんは1時間かかる。なぜそのような違いが生まれるのか、どこで戸惑い、どこにムダがあるのか明らかにし、無理のないスピードを標準にします。そうすることで、バラツキが削減され、生産性が高まります。

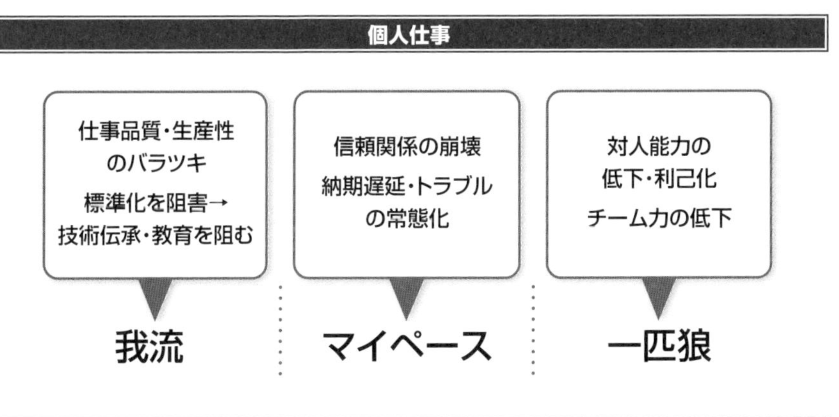

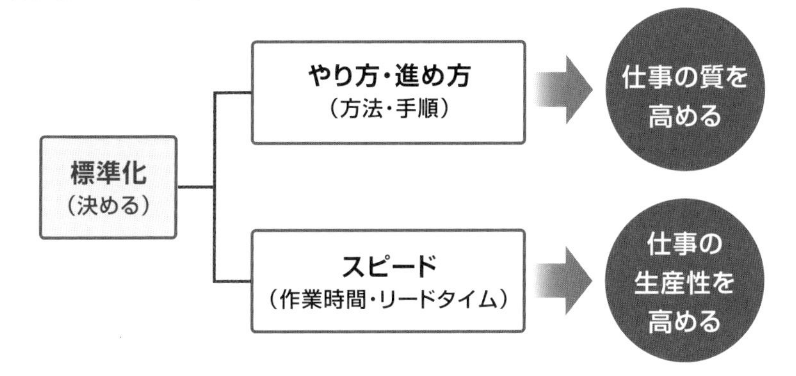

6-11 標準化 ——仕事の整頓②

共有したプロセス・ノウハウを手順書に落とし込みます。

標準作業の考え方

標準作業の構成は、

①**基本知識**：その作業に関するベーシックな知識
②**基本技能**：その作業を行うために必要な基礎スキル
③**要素作業**：標準作業を構成する細分化された作業
④**標準作業**：人の動きをムダなく効率的に行うために決められたやり方のルール

となります。

基本知識もない人に分かるような手順書をつくろうとすれば、膨大な分量の手順書になりかねず、つくることが億劫になります。

そこで、手順書は、基本知識や基本技能を持った人を前提につくります。ワープロ打ちで仕上げるやり方もありますが、簡単かつ変更が容易な方法は、付箋を用いる**プロセスマップ型手順書**です。

SDCAサイクルを回す

手順書は、つくったら終わりではありません。

①決める（標準化）
②守る・守らせる（実施）
③手順通りにできているか観察する（問題発見・原因究明）
④守れていないようであれば処置・対処する（改善）
⑤改善後の新たなやり方を標準と決める（手順書の更新）

という**SDCAサイクル**を回しながら、手順書の改訂を繰り返します。

プロセスマップ型手順書

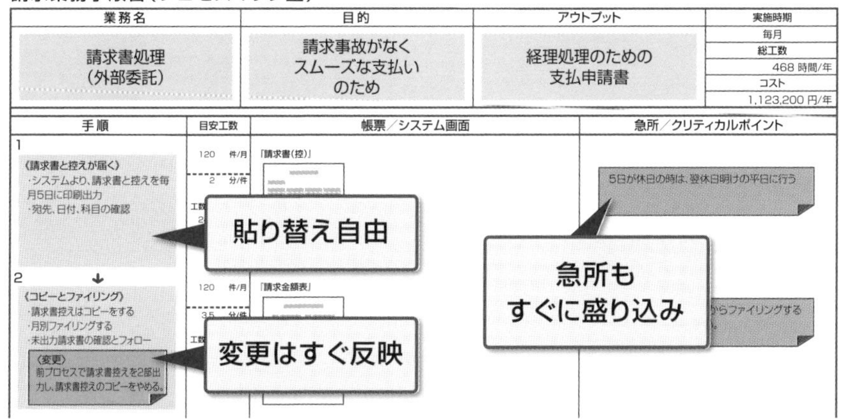

SDCAサイクル

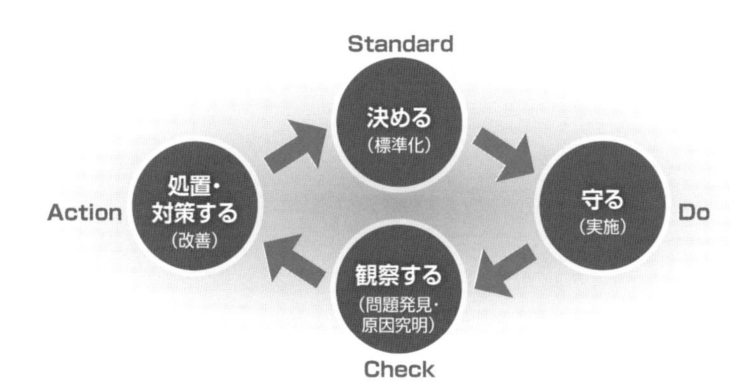

6-12 プロセス・ノウハウを共有する ——仕事の整頓③

モノの整頓は要るものを使い易い場所にきちんと置くことでしたが、仕事の整頓ではモノではなく仕事のプロセス・ノウハウ等を誰でもできるようにします。

プロセスの共有

例えば、営業の場合、顧客開拓からクロージングに至るプロセスは人により様々です。そのプロセスの良し悪しで売上の大小も決まってきます。

それではトップセールスマンは、そのプロセスの中にどのようなテクニックを織り込んでいるのでしょうか。それを営業ストーリーシートに時系列で明らかにしていきます。

その中には、売上を高めるための勘・コツ・ミソ・急所などがあるはずですので、それらの暗黙知を形式知に置き換えていきます。

ノウハウの共有

例えば、営業の場合、クロージングの決め手となるのが提案書です。

しかしながら、個人営業をしていたのでは、誰がどのような文書を作っているのか把握できません。また、同じような案件でも一から作らなければならず、時間や手間がかかります。

このような中で個人の壁、組織の壁を取り除き、顧客にとって一番良い提案書はどのようなものか、共有化できる部分を**標準テンプレート**（ひな形）にまとめます。

その後で、顧客により異なる部分を独自で作成すれば、提案までのリードタイムも短縮できます

情報のテンプレート化

モノの整理・整頓が属人化排除の入口であったように、情報媒体を整理・整頓することで属人化している情報を共有します。各種の文書などに散在している経験則や知恵を集約し、テンプレートとして形式知に置き換えます。

それにより、属人化情報が共有され、

- ・個人の中に埋もれていたノウハウや知恵が共有される。
- ・他者の作成資料の流用ができ提案書・企画書などの作成時間が短縮され、組織力が高まる。
- ・重複書類の作成がなくなり、事務の効率化につながる。
- ・人事異動や退職時の引継ぎや技能伝承が容易となる。

などがメリットとなります。

ノウハウの共有

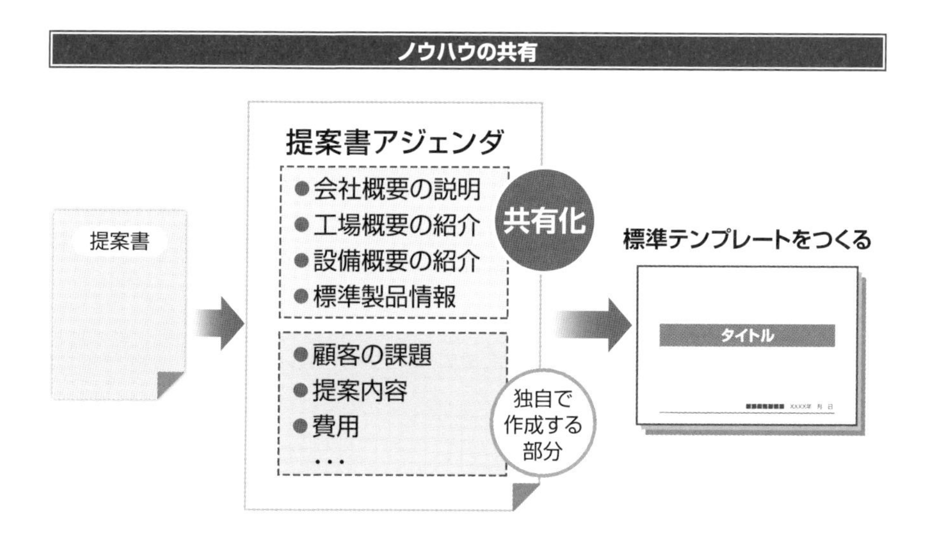

6-13 ミスやエラーのない環境をつくる ——仕事の清掃①

モノの清掃は整理・整頓された環境を維持することでしたが、仕事の清掃はミス・エラーのない環境をつくります。

ミスはブラックボックス化される

人的ミス（例えば、PC操作における入力ミス、計算ミスなど）は、他者に気づかれずにカバー（PC操作の再入力、再計算など）できます。しかしながら、これが製造業であれば、ミスを犯せば不良品となって目で見てわかるため、ミスを隠すことができません。このようにオフィス仕事の場合は、ミスが手直し・やり直しで個人の中に隠れてしまいます。そのため、アウトプットに至った手直し・やり直しのプロセスが個人の中に埋もれてしまい、事象や原因が追究されないまま**ブラックボックス化**されます。

減点主義、マイナス思考の組織風土の会社では、ミスをすればマイナス評価されるということでミスを隠そうとします。隠されたミスは、積もり積もってやがて流出事故・重大クレームとなって爆発します。そうならないためにも、ブラックボックスとなっているミスを気軽に申告できる組織風土にしていかなければなりません。

潜在化ミスを見える化する

第3章末のコラムで触れた労働災害における**ハインリッヒの法則**をミスに置き換えると、

- 1＝流出事故・重大クレーム（顧客情報流出など信用失墜につながる社内外への重大な事故やクレーム）
- 29＝顕在化したミス・エラー（自工程内で他者が気づいた、後工程が発見したミス）
- 300＝ヒヤリ・ハット（潜在化ミス、個人の中に埋もれている手直し・やり直しの事象、ブラックボックス）

となり、1件でも流出事故・重大クレームを起こさないようにするためには、29件あると言われる顕在化したミス・エラーを減らし、更にはその背景にある300件のヒヤリ・ハット（潜在化ミス）を明らかにして減らしていかなければなりません。

ヒヤリ・ハットの見える化

ヒヤリ・ハットは、気づいたらすぐ出さないと忘れてしまいます。簡易に気づきを出す方法として、付箋（ポストイット）を用いて1件1枚でミスを告白し、見える化ボードに貼り出します。見える化ボードには、ミス解決プロセスの流れを描き、その中をカードが動いていくようにします。1件のミスに対し、発生原因と流出原因から原因究明と対策を行います。対策は、単に「以後気をつけよう！」で終わらせるのではなく、皆の行動につながるような対策にすることが大切です。

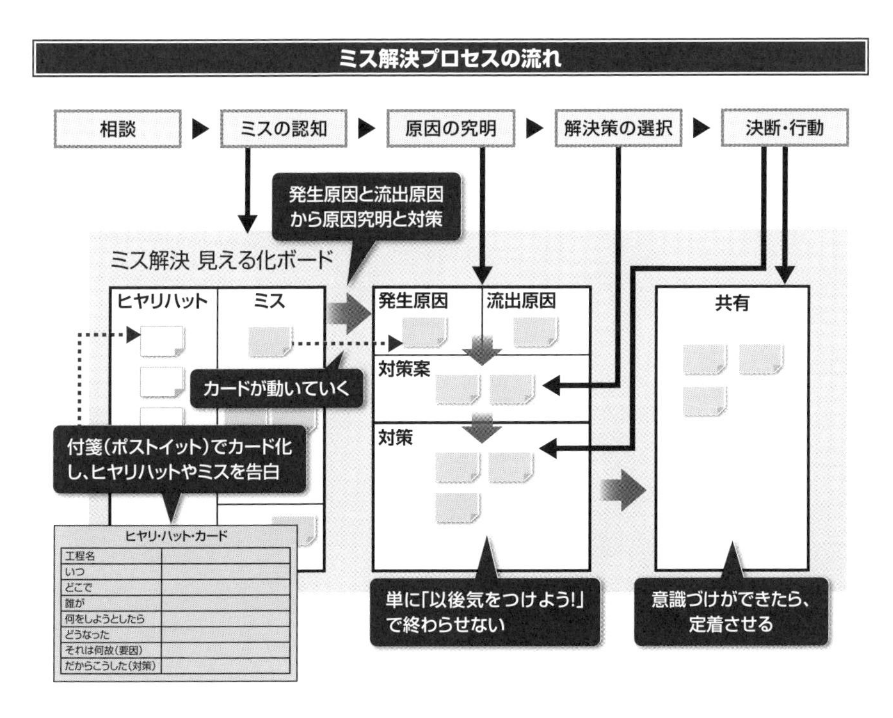

6-14 ミスを未然防止する——仕事の清掃②

ミスを予測して対処します。

ミスKYT（品質危険予知訓練）

KYTは、職場に潜んでいる品質面での**危険因子**（ここではミスを起こしそうな危険因子）などを事前に予知して、ミスを回避する訓練です。進め方は、職場安全で行うKYTと同じ要領で、

①**現状分析**：どのような危険（ミス）が潜んでいるか。
②**本質追求**：これが危険（ミス）のポイントだ。
③**対策立案**：あなたならどうする。
④**目標設定**：私たちはこうする。

というステップで行ないます。

対策案の共有

ミスを起こしてしまうと対策書によく出てくる対策案が**ダブルチェック**です。2人でチェックすることで検品を確かにしようというものですが、ともすれば形骸化しがちです。

そこで、形骸化しないような対策の例として、

・**同時型**：二人で同時に読み合せてチェックする。
・**時間差型**：時間を置いて別の人がチェックする。
・**役割分担型**：チェックする箇所を分けてチェックする。
・**クロスチェック型**：動作と判断など違う切り口でチェックする。・チェックバッ

ク型：順番と方法を逆からチェックする。・行動記述型：行動を定義し、その行動をとったかどうかをチェックする。

- **1点照合型**：指差し呼称でマーキングしながら、1点ずつチェックする。
- **異視点チェック型**：照合する対象を変えて確認する。

など、組織で改善案を立案しながら、ミスの削減につながっていきます

ミスKYT

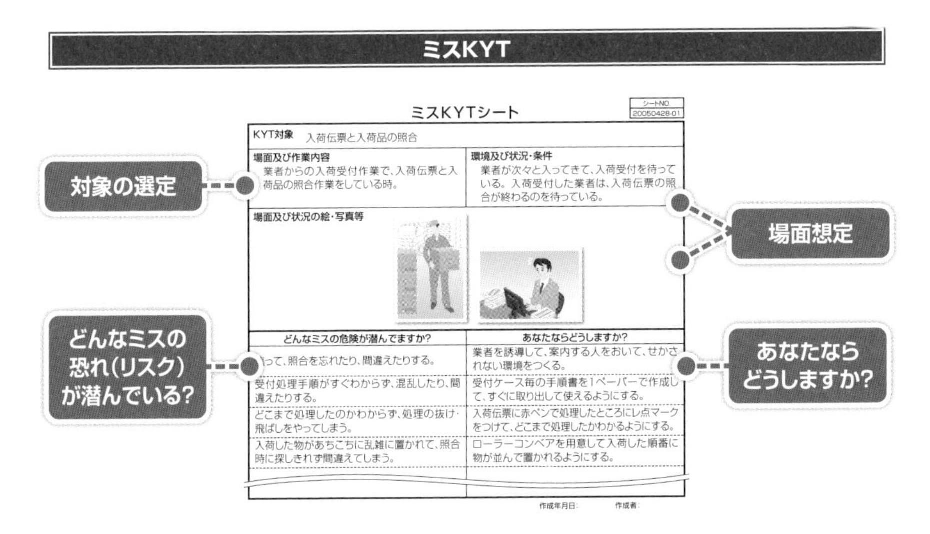
ミスKYTシート

シートNO. 20050428-01

KYT対象　入荷伝票と入荷品の照合

場面及び作業内容	環境及び状況・条件
業者からの入荷受付作業で、入荷伝票と入荷品の照合作業をしている時。	業者が次々と入ってきて、入荷受付を待っている。入荷受付した業者は、入荷伝票の照合が終わるのを待っている。

場面及び状況の絵・写真等

どんなミスの危険が潜んでますか?	あなたならどうしますか?
[illegible]って、照合を忘れたり、間違えたりする。	業者を誘導して、案内する人をおいて、せかされない環境をつくる。
受付処理手順がすぐわからず、混乱したり、間違えたりする。	受付ケース毎の手順書を1ペーパーで作成して、すぐに取り出して使えるようにする。
どこまで処理したのかわからず、処理の抜け・飛ばしをやってしまう。	入荷伝票に赤ペンで処理したところにレ点マークをつけて、どこまで処理したかわかるようにする。
入荷した物があちこちに乱雑に置かれて、照合時に探しきれず間違えてしまう。	ローラーコンベアを用意して入荷した順番に物が並んで置かれるようにする。

作成年月日:　作成者:

6-15 仕事の状況・状態を見える化する——仕事の清潔①

モノの清潔は悪さに気づき行動を起こすことでしたが、仕事の清潔では異常に気づき行動を起こさせます。

個人管理からの脱却

属人化している仕事の進め方では、業務の優先度、進行状況、遅れ進み、完了状態、異常などが見えません。

そこで、今の状況･状態を見える化することで、負荷を増減したり、応受援を行ったり、納期調整をしたり、様々な手が打てるようになります。

一例として、

①**優先度**：ファイルに仕事内容があり、それを本日分・翌日分・今週分・次週以降というように仕分けすれば、納期が明確になり、日々の仕事のボリュームもつかめる。

②**進行状況**：入力前と入力後のトレーを別にし、進捗状況を見える化する。作業の原単位として1件当たり何分といった原単位を決めれば、午前中にはこれくらいできるという目安が分かり、それに対する遅れ進みもつかめる。

③**完了状態**：オフィスワークでは返事待ち・決済待ちなどで停滞がよく起こりがちなので、今どれだけ完了したのか把握することで、停滞に対する処置を行っていく。

④**異常の仕分け**：例えば、記入漏れ品があったなど正常処理ができなかったものを別に仕分け、その内容や数を把握しながら、原因をつぶしていく。

仕事の状況・状態の見える化

●業務の優先度、進行状況、遅れ進み、完了状態、異常を見える化する

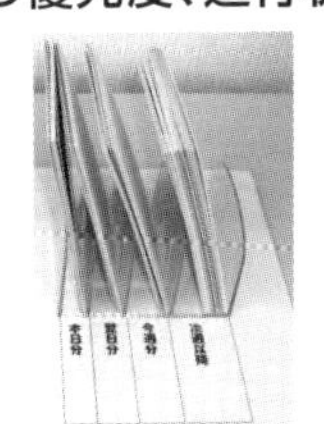

優先度

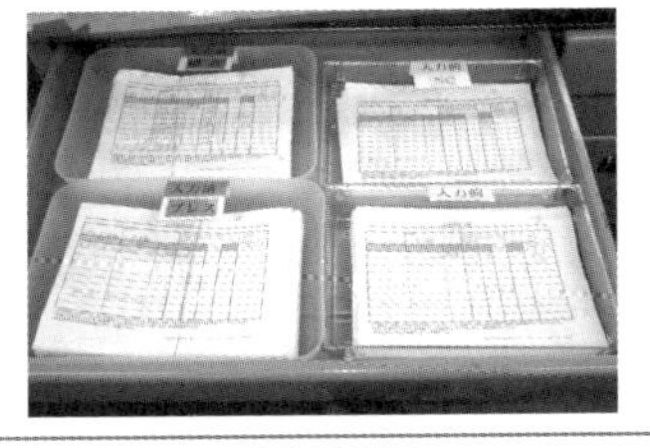

進行状況

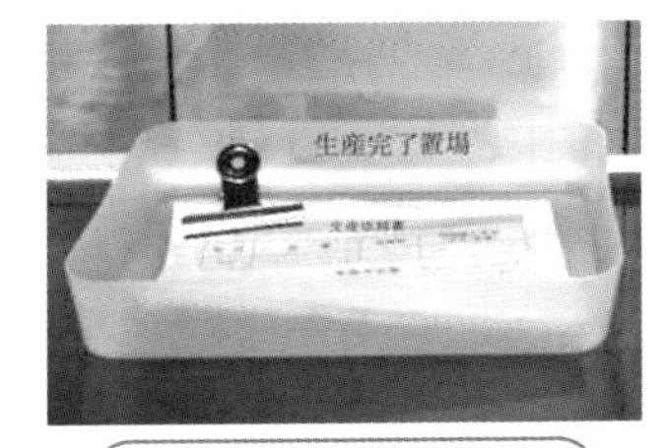

完了状態

異常の仕分け

6-16 仕事のタスクを見える化する——仕事の清潔②

チームで仕事を助け合う環境を整えます。

仕事のタスク（職務、ジョブ）を見える化する

今抱えている仕事、今後やるべき仕事を作業カードに1枚1件で洗い出します。そこには、作業内容、アウトプット、納期、作業工数などを書きます。

通常このような作業は個人単位で管理しており、個人任せで属人化された管理になっています。その管理や段取りのよい人は仕事がスムーズですが、一方手際の悪い人もいます。カードにタスクを書き共有することで、お互いに助け合う環境ができ、チームとしての組織能力も高まります。もう一つ大切なことは、作業内容だけでなく作業工数も見える化することです。作業時間の原単位（標準時間）を決めることで、遅れ進みが見え進捗管理が可能となります。

ストア管理

TPS*（トヨタ生産方式）における「かんばん」とストア（店）をオフィス業務に応用した手法が**ストア管理**です。TPSでは、ストアから後工程引き取りで製品を引き、かんばんを外し、それが生産（引き取り）指示となって流れていきます。オフィス業務では、ストアに相当するものが作業ボードで、かんばんに相当するものが作業カードです。作業ボード上に作業カードを貼り付け、その作業カードを取ることにより作業指示に変わっていきます。作業カードをストアINすれば仕事のボリューム、終了したストアOUTすることで遅れ進みが見える化されます。

また、IN, OUTの枠をTo Do（作業待ち）⇒Doing（作業中）⇒Done（完了）というような3つの枠で見える化するやり方もあります。

このような見える化する狙いは、異常が見える⇒問題を認識する⇒対策案を立案する⇒判断する⇒行動するというように行動を起こさせる**トリガー**（引き金）にあります。見えることで行動が引き起こされ、解決につながります

＊TPS　Toyota Production Systemの略。

仕事のタスクの見える化

●作業（ストア）カードの例

作業内容：
アウトプット：
納　　期：
作業工数：

作 業 者：
開始日時　　　／終了日時
コメント：

仕事の見える化のためのストア管理

●「ストアIN」「ストアOUT」を用意
●「ストアIN」は必要に応じて担当者に分ける
●最初は「人別」でも構わない。現状に合わせたストアの種類を用意する

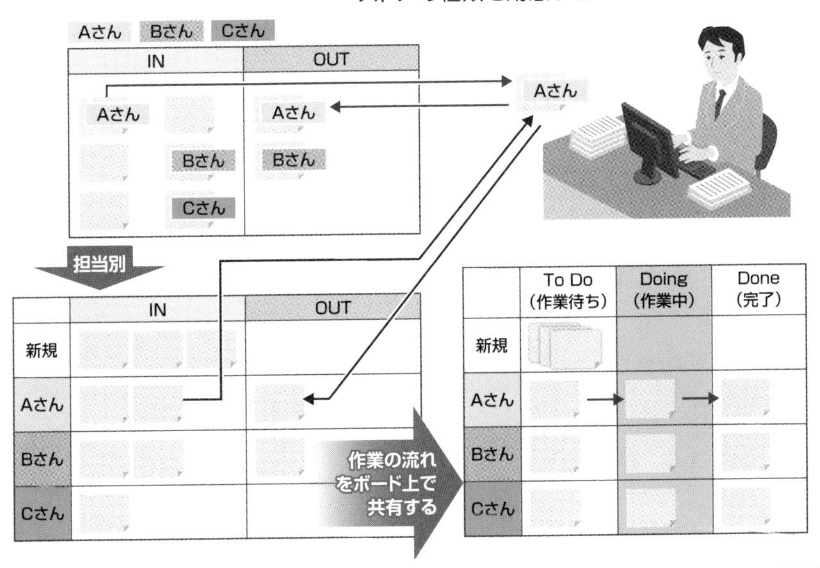

6-17 価値を体感する——仕事の躾

モノの躾は習慣づけでしたが、仕事の躾では改善の習慣づけを行います。

改善を習慣化させる

製造現場では、設備や手順を改善した中で同じものを作り続ければ、その効果は継続していきますが、オフィスの場合では、非定常業務が多く、改善しても他の業務や飛込仕事で効果が薄れ、改善に対する意欲がそがれることも起こり得ます。

そこで、モチベーションを高めるためにも、効果を実感させる必要があります。

効果の例

例えば、効果の例として、

①**仕事の整理**：作業の簡素化、文章作成削減、確認作業の省略、意思決定の簡素化、生産性向上

②**仕事の整頓**：スキルの標準化、人によるバラツキの排除、バックヤード業務の削減、効率の向上、組織営業体制の確立

③**仕事の清掃**：ヒューマンエラーの削減、やり直し／後始末的作業の削減、情報の探索／戸惑い／間違いの削減、情報セキュリティの向上

④**仕事の清潔**：ポカミス削減、納期管理、進捗管理、応受援、一人で問題を抱え込ませない

等が考えられ、個人にとっても組織にとってもメリットのある活動になれば行動が継続します。

やらされ感から動機づけへ

ハーズバーグの**動機づけ・衛生理論**によれば、「会社の方針と管理」だからやれということでは人は動きません。やることによる「達成」「承認」という喜びに代われば、人は動きます。

5Sという直接業務ではないことに対して誰でも後ろ向きになり、やらされ感がわきます。これを動機づけ、モチベーションを維持させながら、改善することを躊躇しない人づくりをしていかなければなりません。

やらされ感から動機づけへ

ハーズバーグの動機づけ・衛生理論

アメリカの臨床心理学者フレデリック・ハーズバーグが提唱した仕事における満足と不満足を引き起こす要因に関する理論。

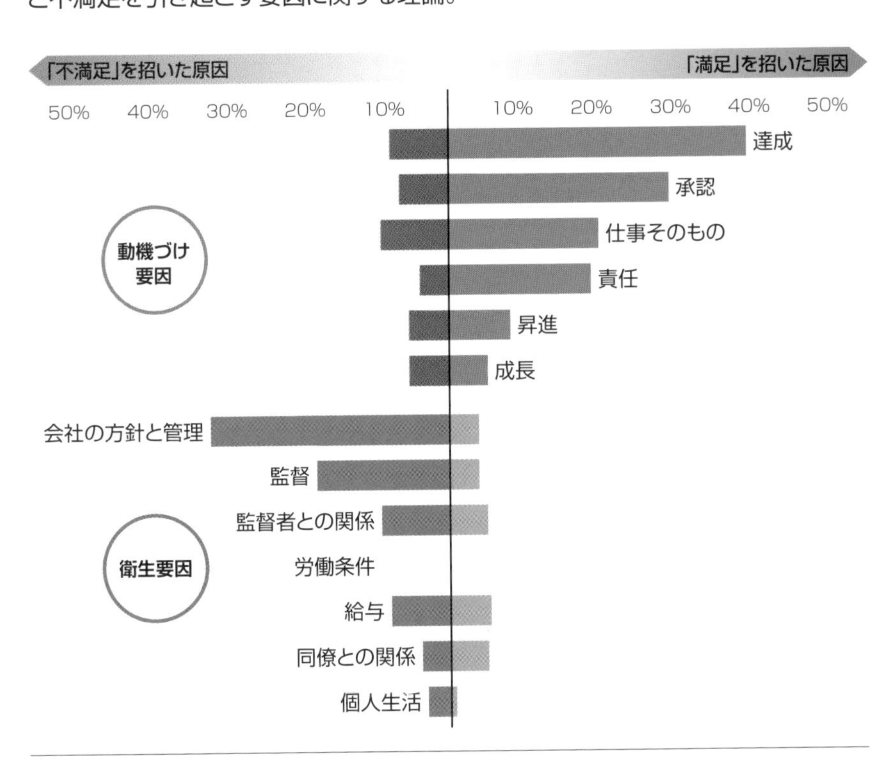

5Sで改善のイロハを習得する

汚い場所や乱雑な置き方は、誰でも認識できます（見えます）。その見えた問題は、すなわち改善ニーズです。そのニーズに対して、現状に甘んじず「変える」ことや「行動」することを、学びます。

つまり、5Sは改善のイロハを学ぶ格好の教材であり、原点です。

そして、改善で注意すべき点は、

・改善はニーズに基づくこと
・やれることをやるだけではなく、「やるべきこと」への挑戦
・改善を自ら実践する人に徹する
・人づくり・マインドづくりのための繰返し教育とコミュニケーション
・指示号令型ではなく現場の自主性を重視
・結果よりもプロセス評価
・徹底した真因追求を行う
・思い立ったら即行動
・機械（システム）化改善よりまずは5S改善を優先する
・改善は金をかけずに知恵を出す、困らなければ知恵は出ない、一人のひらめきより10人の知恵
・トップの意思と管理職のリーダーシップ
・長期の経営計画の中で一歩一歩改善を進める
・短期的には負荷が増えることも頭に入れて置く
・黒字の中での改善が望ましい
・職場文化を考慮に入れる

などです。

第7章

5Sから更なる改善へ

5Sは、ダイエットで言えば基礎代謝を高める活動です。基礎代謝が高まったからといって、すぐには痩せません。食事(量・内容)、猫背などの姿勢改善、入浴方法などで基礎代謝を高め、その上で毎日30分のジョギングなどの運動を行えば、脂肪燃焼ができ痩せていきます。

経営においては、基礎代謝がマネジメント基盤、毎日の運動に相当するのが更なる改善です。「基礎代謝＋毎日の運動＝マネジメント基盤＋更なる改善」の図式です。マネジメント基盤の構築された組織で更なる改善を繰り返せば、仕組みや戦略が機能してマネジメント課題が解決されていきます。

このように5Sと更なる改善の相乗効果が発揮できれば、企業競争力が高まります。

7-1 あるべき姿とありたい姿

あるべき姿とありたい姿を描きながら、改善を進めます。

演繹的アプローチ

演繹的アプローチは、過去からの延長線上で考える帰納法アプローチと異なり、目的をベースにして、未来の**あるべき姿**をデザインし、そこから学びながら現状を変えてゆく演繹的アプローチです。

あるべき姿とありたい姿

あるべき姿・ありたい姿・現状の姿を描きながら改善を進めていきます。

①**あるべき姿**：

いわゆる理想の姿。現実では当面不可能であるがそうであったら良いなあという理想像で、すぐには手の届かないような高い目標を指す。

②**ありたい姿（めざす姿・ねらう姿**とも言う）：

あるべき姿より現実的に手の届きそうな数年先に到達可能な姿で、自分たちの環境や能力などを背景として努力すれば達成できる当面の目標を指す。

③**現状の姿**：

現在のありのままの姿で、現在の実力（能力）を指す。問題とは、あるべき姿と現状の姿のギャップを言います。通常、このギャップが大きいため、ありたい姿という現実的に到達可能な位置にまで下して問題を把握し、改善を図っていきます。

あるべき姿とありたい姿

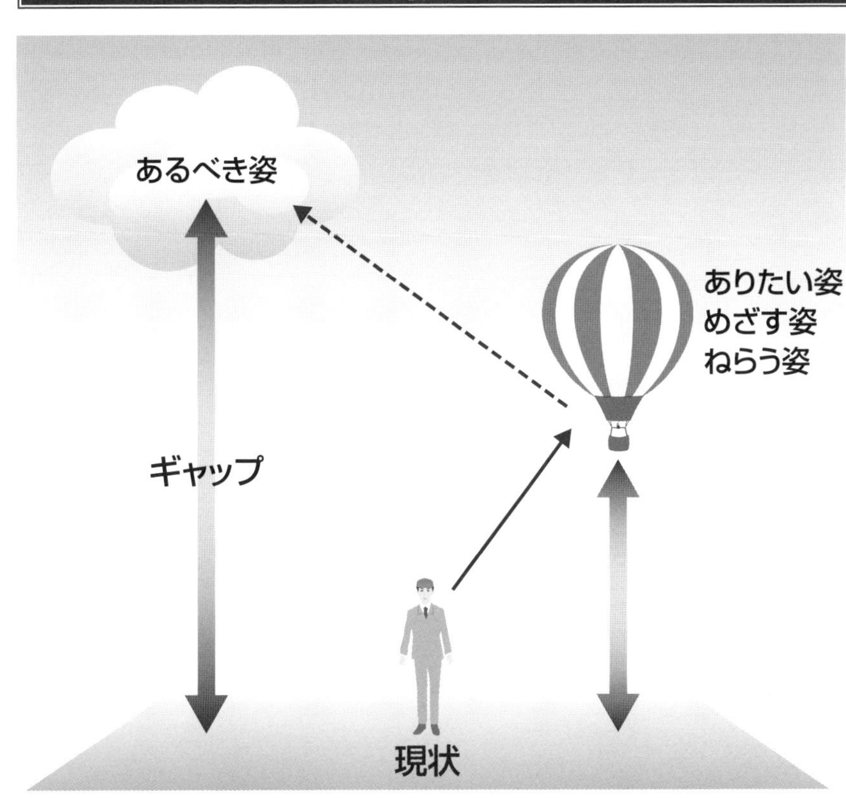

7-2 組織で解決する

5Sを行っていく場合、自分（自部署）だけでは解決できない問題が生じてきます。そこで、そのような問題を、組織の壁を取り払いながら解決していきます。

対症型解決から根治型解決へ

5Sでは、まずは自分（自職場）で解決できる問題から解決していきますが、それらは対症型の問題が多いと言えます。一旦は、自分で解決しても発生箇所の対策がとられていないため、すぐにまた同じような問題が生じてきます。例えば、製品在庫が多いから整理・整頓しようとして一旦すっきりしても、つくり過ぎという根本的な問題にメスを入れない限り永遠に製品在庫の問題が続きます。発生職場がそれらの問題を組織として取り上げ、なぜ・なぜを繰り返しながら製造工程や生産管理・営業部などへフィードバックし、全社あげて**根治型解決**（**発生源対策**）を図らない限り問題は解決しません。

部分最適から全体最適へ

5Sは自職場だけの部分最適を目指した改善だけでは、大きな成果は生まれません。部門間の壁を越え、ある時は自職場にとって不利になるような改善策も選択し、**全社最適**を目指します。

その際、使用するのが**不具合項目と対策表**です。その使い方は、以下の通りです。

①5S活動の結果、問題点を月日・記入者・不具合項目の欄に記入する。
②各項目に改善担当（他部署に依頼する場合あり）・改善内容（改善案）・改善予定日（期限）を記入する。
③改善後、実施日・確認欄を記入する。

ここで、他職場に投げかけた問題に対しては、この表で逐次チェックしながら改善を求めていきます。担当者ベースだけでは、事が運ばないことも多いため、必ず組織として役職者がフォローしていきます。

経営トップの関与が必要

活動を進めていく場合、主体となるのはリーダーを中心とした改善チームですが、それだけでは改善は進みません。改善は今までの古いやり方や慣行を破壊する活動ですので、当然反対勢力や抵抗が生まれます。そのような変化を嫌う抵抗勢力や声の大きな人に対して、改善メンバーを支援するサポート体制を組織します。サポートメンバーは、反対勢力を説得したり、あるいは改善の道具を作りこんだり、大掛かりなレイアウト変更などの支援を行ったりします。そして、そのサポートメンバーの長には、必ず**経営トップ**を巻き込み、事務局がフォローしていきます。

不具合項目と対策表

NO	月日	記入者	不具合項目	改善担当(個人名)	改善内容	改善予定日	改善実施日	確認
1	11/2	**	未検査品がラック内に存在している。	**	検査して必要数を残すか、リストアップして廃棄稟議書をあげる。	12/2		
2	〃	**	ラックがコの字型に配置されており、製品が滞留する。	**	並列に並べ替える。	12/2		
3	〃	**	「当日検査品置場」が維持されていない。	**	職長に趣旨を十分伝え、維持管理ができるように指導する。	12/2		
4	〃	**	不適合品置場が3列しかなく、維持管理に支障をきたす。	**	4列を確保し、ラインを引きなおす。	12/2		
5								
6								
7								
8								
9								

改善活動中にすぐに解決できない課題を列挙し、担当と期限を決め宿題化

7-3 活動体制を構築する

活動体制を構築し、活動の見える化を図ります。

活動体制の構築

活動が年末の大掃除のような任意で強制力や評価のないものになってしまえば、活動は停滞してしまいます。したがって、しっかりとした体制をつくり、できるだけ定時内に少しの時間で構わないので、毎日活動していきます。

活動の見える化

活動の進捗（遅れ進み）が、分かるようにするため**目で見る管理ボード**を活用します。

目で見る管理ボードの目的は、以下の通りです。

①**必要な情報の形式知化と共有**：

組織の目的・方針・目標などの形式知化と関係者への周知をする、目的、方針を実現するための体制・手段・スケジュールなどを明確にする。

②**つながりを明確にする**：

組織の目標と個人の役割・行動のつながりを明確にする、目標を実現するために必要な行動を明確にする。

③**自律管理**：

自分たちの進むべき道の認識を高める、適切な活動の継続を自ら監視し確証を得る、影響が出る前に異常を検知しアクション（予防・改善）をとる。

④**組織能力を高める**：

異能が集い、知識と経験を共有して新たな気づきを得る、互いに助け合い励ましあって組織のストレス耐性を高める、競い合い刺激しあって競争心と向上心を高める。

⑤プライドと責任感を持たせる：

自分たちの活動を公共の場に示し活動に対するプライドと責任意識を高める。

⑥現地・現物・現認（三現主義）の推進：

経営者、幹部が現地・現物・現認で管理・改善活動にコミット（関与）する場をつくる。

活動の見える化

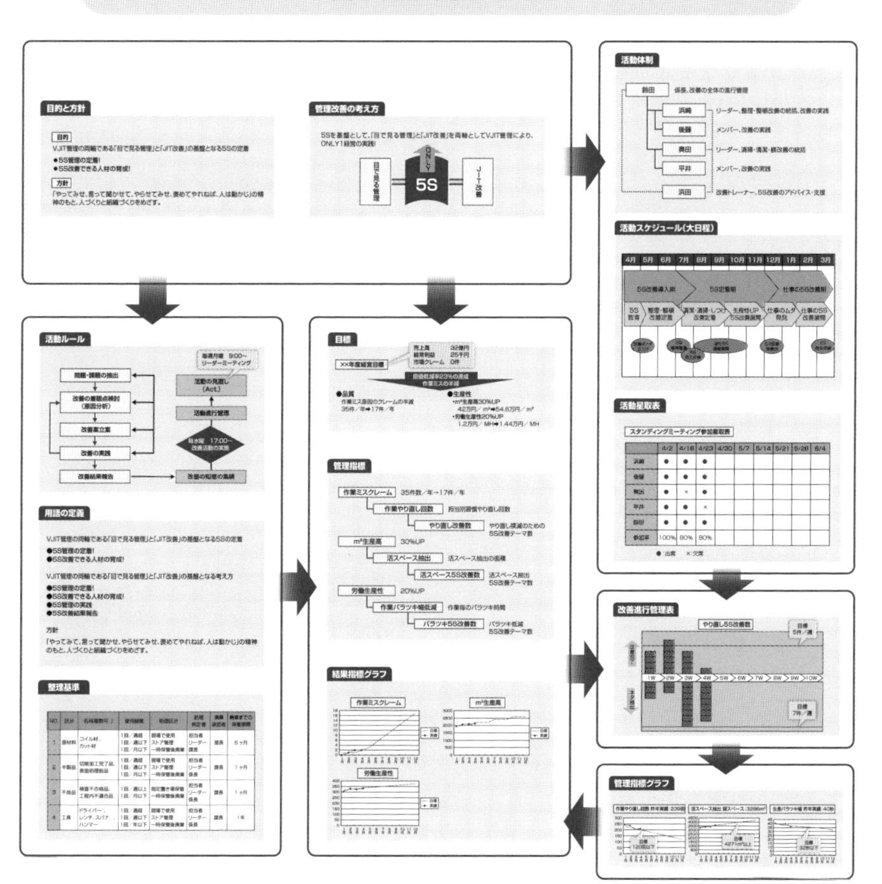

7-4 5S活動ではなく5S改善として進める

5Sをツールとして、改善ストーリーに沿って進めていきます。

改善ストーリー

5Sは改善を進めるための道具の一つです。**改善ストーリー**に従ってPDCAサイクルを回します。

①**現状の把握**：現在のQCDSの観点から問題を把握する。

②**目的・方針・テーマの選定**：現状の把握で明らかになった重要な問題と改善を要する領域を受けて、改善の目的と方針を設定し、改善目的・方針を受けて、改善の主題（テーマ）を設定する。

③**改善目標の設定**：目標は、改善テーマのQCDSをいつまでにどの程度にするのか計測できる指標をもって明らかにする。改善の投資対効果を念頭に目標値を設定する。

④**要因解析**：問題としている事象の発生要因（原因）を洗い出す。めざす姿と現在の状態との間にあるギャップを埋める上で、それを阻害する要因を洗い出す。要因解析手法を利用して、要因を整理し、問題（課題）解決に関わる重要な要因を特定する。データ解析から要因を洗い出し、裏付けを取る。

⑤**改善案の立案**：要因をつぶす効果性と実行性ある改善案を立案する。

⑥**改善の実施**：いくつかあげた改善案の中から費用対効果やスピードなどを考慮し優先順位をつけ、改善を実施する。

⑦**改善成果の測定**：改善の前と後で成果がどれほど出たか検証する。

⑧**標準化・歯止め**：成果が現れたものに対し標準化を行い、また同様の問題が起こらないように歯止めを講じる。

⑨**運用と水平展開**：標準化されたものを運用し観察する。また、他職場への横展開を図っていく。

改善ストーリー

●改善を進めるための基本的流れ

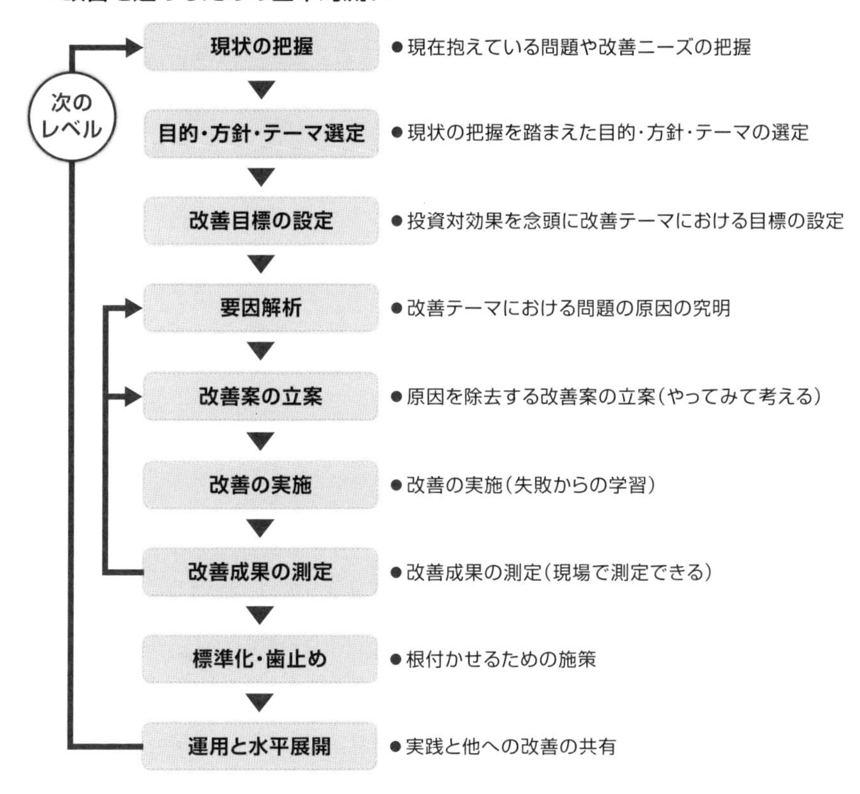

7-5 他の活動とリンクさせる

会社内や工場内には様々な活動があり、あれもこれもとなるとなかなか進みません。

5Sと他の活動をリンクさせる

皆さんの会社内には、どのような活動、目標がありますか？　例えば、

・会社方針、工場長方針などに基づく部門方針管理
・売上や利益などの組織の目標管理
・人事考課や評価につながる個人の目標管理制度
・個人の改善提案活動
・ISOによる品質マネジメントや環境マネジメント
・不良品に対する品質管理活動
・製造原価低減活動
・安全面でのヒヤリ・ハット提出、KYT活動
・改善サークル活動

などがあるのではないでしょうか。それらを独立してあれもこれもとなるとやらされ感にあふれ、どれも中途半端になりかねません。

そこで、5Sをどうせするなら利用し、その結果各活動の成果に紐づくようにします。

5Sの成果をQCDS向上につなげる

他の活動と結びつけるためにも、5Sがお掃除、お片付け、きれいにすることであってはいけません。5Sをすれば、ハタラキヤスク｛早く（納期・生産性）、正しく（品質）、楽に（安全性）、安く（コスト）｝なるようにし、仕事のアウトプットであるQCDS（Quality・Cost・Delivery・Safety）を高め、成果を実感させます。

5Sと他の活動をリンクさせる

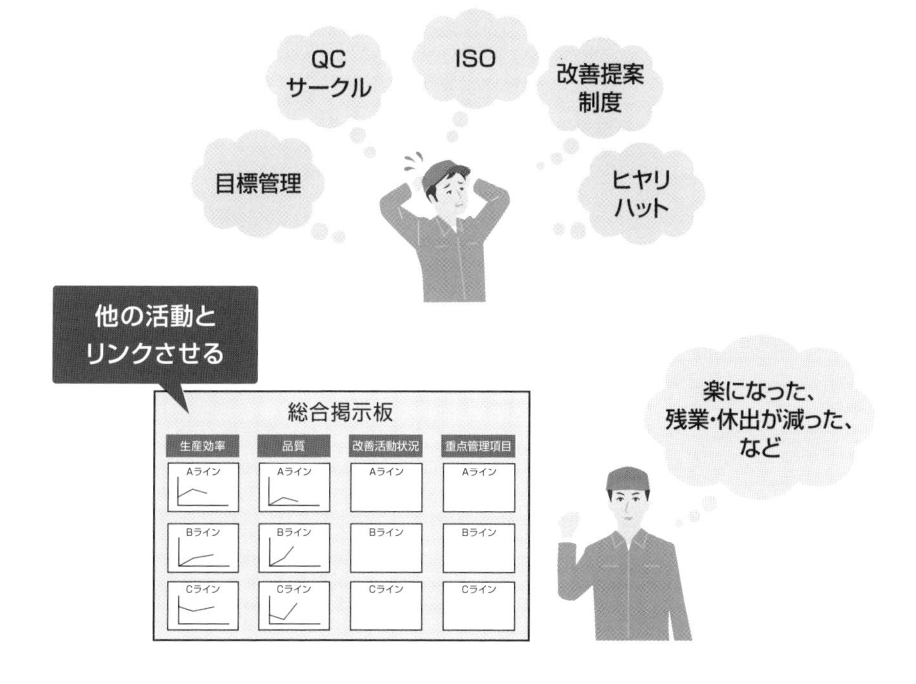

7-6 5Sから更なる改善へ

5Sで管理・改善の基盤が構築された後、更なるレベルアップを図っていきます。

5Sから始めてレベルを上げていく

TPS(トヨタ生産方式) を導入したい企業は多いかと思いますが、その多くが失敗したり挫折したりしています。その理由のひとつは、「かんばん」などの道具だけを真似る例です。かんばんは、あくまでも道具のひとつでしかありません。いきなり入れるのでなく、5Sから徐々にステップを上げていきます。

レベルアップのステップは、以下の順序で進めていきます。

①**5Sと見える化**:5Sでバラツキを排除し、改善のイロハを習得し、見える化を図る。
②**日常管理の整備**:決め事やルールを作り、守らせる。
③**標準化と定着**:標準を決め、異常を明らかにする。
④**ムダ取り改善**:個別職場のムダを徹底的に排除する。
⑤**整流化改善**:よどみのない流れをつくり、リードタイム短縮をめざした改善を行う。
⑥**仕組みの改善**:従来のシステムや仕組みを抜本的に変える改善を行う。

知識から行動へ

小さい頃から親に「整理・整頓しなさい」とよく言われてきたのではないでしょうか。皆さん5Sに対する知識や道理はそれぞれが持ちあわせているはずですが、実際にはできない人の方が多いのではないでしょうか。

知識があってもできないのは、原理原則を自分の職場や環境に合わせた知恵に変え、行動することができないからです。「着手半分」という言葉があります。物事の何かを着手すればそれで半分達成したと同じだという意味です。5Sも知識ではわかっていても動かなければ何も進みません。

是非本書のツール類などを参考にして頂いて、まずは自分でやってみる、そして、他の人々をどう行動させるのかトライ＆エラーでやってみて下さい。

知識を行動に変える

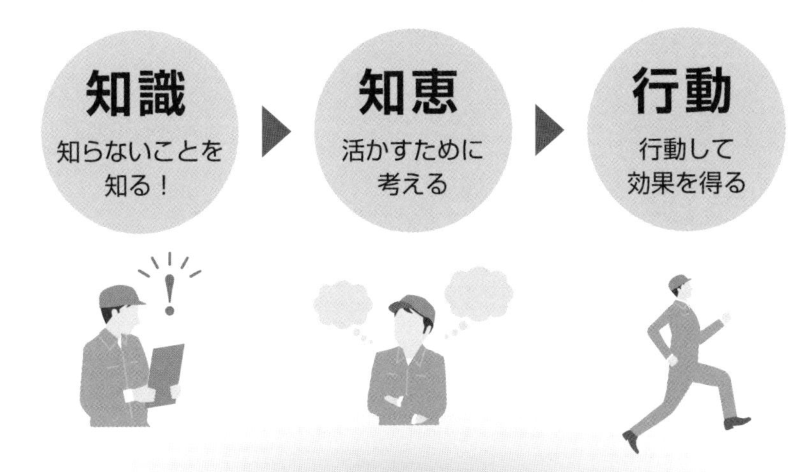

COLUMN 無関心の暴力

マザーテレサは、「日本人は物質的に本当に豊かな国です。しかし、町を歩いて気がついたのは、日本の多くの人は弱い人、貧しい人に無関心です。物質的に貧しい人は他の貧しい人を助けます。精神的には大変豊かな人たちです。物質的に豊かな多くの人は他人にも無関心です。精神的に貧しい人たちです。愛の反対は憎しみと思うかもしれませんが、実は無関心なのです。憎む対象にすらならない無関心なのです」という言葉を残しました。5Sも同様に、このような"無関心"状態になってはいけません。

改善ファシリテーション

ファシリテーションとは、促進する・容易にする・円滑にする・スムーズに運ばせる・まとめる・仕切る・引き出すというのが原意です。発言を促したり、話の流れを整理したり、参加者の認識の一致を確認しながら相互理解を促進し、合意形成へ組織を活性化させることです。5S活動では、改善が円滑にかつ容易にできるように支援し、うまくことが運ぶように中立的な立場でカジ取りすることです。

このような中立的な立場でファシリテーションを促進していく人が改善ファシリテーター（協働促進者）であり、集団による問題解決、アイデア創造、合意形成、教育・学習、変革、自己表現、成長など、あらゆる知識創造活動の場をつくり支援し促進していくことを促す者です。

改善ファシリテーターの役割は、いわゆる裏方の黒子のリーダーで、参加者が自分たちで目標を設定し問題解決していくことを手助けします。決して表に立つことはなく、回答は決して教えない。時には参加者の答えが間違っていてもそれをあえて行わせ、失敗の中から学ぶということもさせます。参加者が何を欲しているかという狙いを掘り起こしながら、その目標に必要な道具やしかけを準備しその体験から学びを深めるための現場改善のステップを通り抜けることができるように援助し働きかけます。働きかける内容は、仕事そのもの、業務内容、課題のことを直接答えることはしません。それらコンテストは自分の仕事そのものなので参加者自身の方が第三者のファシリテーターよりは熟知しています。しかしながら、それゆえ過去のやり方や常識から離れることができず、新しい発想も浮かびにくいとも言えます。改善ファシリテーターはその業務のスペシャリストである必要はないのです。

改善ファシリテーターが働きかける内容は、人や組織との関係的過程や、結果に到達するまでの進め方などの中間過程（いわゆるプロセス）です。

つまり、狙いは何か、参加者を誰にするか、プログラムをどうするか、スケジュールはどうするか、どのようなツールを使うのか、といったことを組み立てるプロセスの設計と参加者とのコミュニケーションの取り方や交通整理、軌道修正、管理者との調整などを行うことプロセスの管理をすることが改善ファシリテーターの役割と言えます。

おわりに

5Sはいくら知識が豊富であっても、ツールやテクニック・手法をマスターしていても、行動が伴わなければうまくいきません。その行動につなげるのが場作りです。この場を通じて、知恵を出し合い、自ら考え、自ら行動する自律的な5S活動を構築していきます。つまり、5Sの実践ができる／できないか、或いは維持されるか／されないかは、このような場が有機的につくられ、進化できるかどうかにかかっています。

したがって、経営トップの役割は、この場作りにあり、5S活動を通じて人づくりをすることにあります。5Sができないといって嘆く会社の多くは、その責任は従業員にあるのではなく、経営トップにあると心得なければなりません。5Sに徹底的に取り組み、マネジメント基盤を構築し、企業価値の向上に努められることを祈念いたします。

索引

INDEX

数字

アルファベット

あ行

索引

か行

索引

さ行

た行

な行

は行

ま行

や行

ら行

わ行

著者紹介

石川　秀人（いしかわ　ひでと）

コンサルソーシング株式会社　エグゼクティブ・コンサルタント

1959年愛知県生まれ。一部上場大手メーカー勤務後、一般社団法人日本能率協会、一般社団法人中部産業連盟、Deloitteトーマツコンサルティング株式会社にて、経営コンサルティング・企業内研修に等従事。TPS（トヨタ生産方式）ベースの人づくりを中心に実践活動を行う。2005年にトヨタグループOBらと現コンサルティング・ファームを設立し、生産現場改善、ホワイトカラーの業務改善、5S、見える化、海外法人におけるKAIZEN指導とローカルスタッフの育成などの経営コンサルティング、企業内研修、セミナー諸活動を行う。

●諸団体主催の公開セミナー登壇実績

一般社団法人日本能率協会、一般社団法人日本経営協会、みずほリサーチ＆テクノロジーズ㈱、三菱UFJリサーチ＆コンサルティング㈱、りそな総合研究所㈱、㈱OKB総研、愛知県経営者協会、四国生産性本部、九州生産性本部、中小企業大学校、名古屋商工会議所、日本貿易振興機構（ジェトロ）、独立行政法人国際協力機構（JICA）、一般財団法人海外産業人材育成協会（AOTS）、韓国JMAC㈱（日本能率協会コンサルティング）、Deloitte Kassim Chan（Malaysia）など

●著書

「最新トヨタ方式の基本と実践がよ～くわかる本」秀和システム、2007年12月
「最新5Sの基本と実践がよ～くわかる本」秀和システム、2008年10月
「製造現場の見える化の基本と実践がよ～くわかる本」秀和システム、2009年10月
「工場管理の改善手法がよ～くわかる本」秀和システム、2010年2月、共著
「製造マネジメントの見える化の基本と実践がよ～くわかる本」秀和システム、2011年5月
「生産現場の人づくりがよ～くわかる本」秀和システム、2011年11月
「営業の見える化99のしかけ」日本能率協会マネジメントセンター、2010年8月、共著
「最新トヨタ生産方式の基本と実践がよ～くわかる本」秀和システム、2017年6月、共著
「最新5Sの基本と実践がよ～くわかる本　第2版」」秀和システム、2019年7月
「製造現場の見える化の基本と実践がよ～くわかる本　第2版」秀和システム、2020年2月
「オフィス業務の生産性改善手法がよ～くわかる本」秀和システム、2020年7月
中国語繁体字「最新トヨタ方式の基本と実践がよ～くわかる本」中衛発展中心、2009年11月
韓国語「最新トヨタ方式の基本と実践がよ～くわかる本」G-MIC R&C、2010年

●連絡先

コンサルソーシング株式会社
名古屋市中区正木四丁目6番6号（〒460-0024）
Tel：052-747-5772
URL：https://www.consultsourcing.jp　Mail：info@consultsourcing.jp

●注意

(1) 本書は著者が独自に調査した結果を出版したものです。
(2) 本書は内容について万全を期して作成いたしましたが、万一、ご不審な点や誤り、記載漏れなどお気付きの点がありましたら、出版元まで書面にてご連絡ください。
(3) 本書の内容に関して運用した結果の影響については、上記(2)項にかかわらず責任を負いかねます。あらかじめご了承ください。
(4) 本書の全部または一部について、出版元から文書による承諾を得ずに複製することは禁じられています。
(5) 本書に記載されているホームページのアドレスなどは、予告なく変更されることがあります。
(6) 商標
本書に記載されている会社名、商品名などは一般に各社の商標または登録商標です。

図解入門ビジネス
最新 5Sの基本と実践がよ～くわかる本[第3版]

発行日 2021年 11月 3日 第1版第1刷

著 者 石川 秀人

発行者 斉藤 和邦
発行所 株式会社 秀和システム
〒135-0016
東京都江東区東陽2-4-2 新宮ビル2F
Tel 03-6264-3105（販売） Fax 03-6264-3094
印刷所 三松堂印刷株式会社 Printed in Japan

ISBN978-4-7980-6593-9 C2034

定価はカバーに表示してあります。
乱丁本・落丁本はお取りかえいたします。
本書に関するご質問については、ご質問の内容と住所、氏名、電話番号を明記のうえ、当社編集部宛FAXまたは書面にてお送りください。お電話によるご質問は受け付けておりませんのであらかじめご了承ください。